Hermann Braun

Nachahmung Herodots durch Prokop

Hermann Braun

Nachahmung Herodots durch Prokop

ISBN/EAN: 9783743365933

Hergestellt in Europa, USA, Kanada, Australien, Japan

Cover: Foto ©ninafisch / pixelio.de

Manufactured and distributed by brebook publishing software
(www.brebook.com)

Hermann Braun

Nachahmung Herodots durch Prokop

Die

Nachahmung Herodots durch Prokop.

Beilage zum Jahresbericht 1893|94

des

K. Alten Gymnasiums zu Nürnberg

verfasst von

Dr. Hermann Braun,
K. Gymnasiallehrer.

Nürnberg 1894.

K. bayer. Hof- und Univ.-Buchdruckerei Fr. Junge (Junge & Sohn), Erlangen.

Nachstehende Untersuchung bildet die Fortsetzung zu einer Arbeit, die ich auf Anregung meines hochverehrten Lehrers, Herrn Professor v. Wölfflin, unternahm und vor nunmehr nahezu 10 Jahren veröffentlichte [1]. Während jene Arbeit die Nachahmung des Thukydides durch Prokop zum Gegenstand hatte, suchte ich in der vorliegenden Schrift die Abhängigkeit desselben Geschichtschreibers von Herodot nachzuweisen. — Dass Prokop den Herodot gekannt und gelesen hat, bezeugt vor allem er selbst: denn während er den Thukydides mit keiner Sylbe erwähnt, citiert er den Herodot einmal mit Namen (G. IV 6. 484, s. S. 23 dieser Abhandlung), und in den Bauwerken spielt er einigemale auf ihn an (ae. I 1, 178, 5. II 1. 209, 8. IV 2, 270, 2 ff.). Dass er ihn nachgeahmt hat, ist eine längst bekannte Thatsache (vgl. Krumbacher [2]), byz. Litteraturgesch. S. 44). Schon Kanngiesser [3]) in seiner Übersetzung des Prokop S. I nennt ihn den Byzantinischen Herodot und weist auf die vielfache Übereinstimmung zwischen ihm und seinem Vorbild hin. W. Teuffel [4]) erwähnt in einem gehaltvollen Aufsatz über Prokop einige Herodoteische Wendungen, die sich bei ihm finden. Eckardt [5]) führt in seiner Schrift über die Geheimgeschichte S. 23 f. eine Reihe von einzelnen Wörtern und Ausdrücken an, die P. aus H. entnommen hat. F. Dahn [6]) untersucht im III. Anhang seines Buches über P. das Verhältnis, das zwischen dem Fatalismus H.s und P.s besteht. Auch in

1) H. Braun, Procopius Caesariensis quatenus imitatus sit Thucydidem. Diss. Erl. 1885 = Acta sem. Erl. 4, 161—221.

2) K. Krumbacher, Geschichte der Byzantinischen Litteratur. München 1891.

3) Kanngiesser, Des Prokopius von Cäsarea Geschichte seiner Zeit, übersetzt und mit Erläuterungen versehen. Greifswald 1827.

4) In: Allgem. Zeitschr. f. Gesch., herausgeg. v. Schmidt, Berlin, Bd. VIII, Jahrg. 1847, p. 51. Wieder abgedruckt in: Studien und Charakteristiken von -W. S. Teuffel, Lpz. 1871. S. 205.

5) Eckardt, de Anecdotis Procopii Caesariensis. Diss. Regimonti ·1861.

6) Felix Dahn, Prokopius von Cäsarea, Berlin 1865.

1 *

der Schrift Scheftleins[1]) über den Gebrauch der Präpositionen bei P. finden sich mehrfach schätzbare Hinweise auf die Abhängigkeit P.s von H. auf diesem Gebiete. Doch das alles sind nur gelegentliche Notizen. Eine selbständige Untersuchung ist m. W. über diese Frage bisher noch nicht veröffentlicht worden.

Die Sammlung des Stoffes wurde mir besonders dadurch erschwert, dass mir nur das ziemlich lückenhafte Herodot-Lexikon von Schweig-häuser[2]) zur Verfügung stand. Für die Citate aus H. benützte ich die Schulausgabe von H. Stein[3]), da dieselbe die praktischere Zeilen-angabe innerhalb der Kapitel hat, während die kritische Ausgabe von Stein die Zeilen der Seiten angibt. — Für P. ist immer noch die neueste Ausgabe die von W. Dindorf[4]) im Bonner Corpus, die bekannt-lich sehr geringwertig ist und hoffentlich bald durch die bei Teubner angekündigte kritische Ausgabe von Haury überflüssig gemacht wird.

Die Anordnung des Stoffes traf ich nicht nach grammatischen, son-dern nach sachlichen Gesichtspunkten, da sich mir dies bei der früheren Arbeit über Thukydides erprobt hatte, und zwar in der Weise, dass ich von äusserlichen Zusätzen und persönlichen Bemerkungen ausgehend die auf Zeit und Ort bezüglichen Ausdrücke anfügte, dann zur Schilderung von Persönlichkeiten und kriegerischen Ereignissen überging, um mit einem Abschnitt über die Weltanschauung die formellen Nachahmungen abzuschliessen: diesen reiht sich dann zum Schlusse noch ein Kapitel über thatsächliche Entlehnungen an.

Der besseren Übersichtlichkeit wegen stellte ich die gleich oder ähnlich lautenden Stellen einander gegenüber, so dass H. immer links, P. immer rechts seinen Platz hat. Die weitgehendste Nachahmung steht immer voran, die andern folgen nach der Reihenfolge der Bücher. Mit P., V., G. werden die Bücher über den Perser-, Vandalen-, Gothenkrieg, mit ae. (aedificia) die Schrift über die Bauwerke Justinians, mit A. (Arcana oder Anecdota) die Geheimgeschichte bezeichnet.

Die Beweiskraft der angeführten Stellen ist natürlich von verschie-denem Werte: während viele sofort als Nachahmungen erkennbar sind,

1) Scheftlein, De praepositionum usu Procopiano, Gymn.-Pr. Regsbg. 1893.

2) Schweighäuser, Lexicon Herodoteum, Strassburg 1824.

3) Herodotos erklärt von H. Stein. Berlin. Weidmann.

4) Corpus scriptor. hist. Byz. pars II. Procopius. Ex rec. G. Dindorfii. Bonnae 1833—38.

wird sich bei andern Zweifel erheben; doch glaubte ich auf die Anführung der letzteren nicht ganz verzichten zu sollen, besonders dann, wenn der Ausdruck ein wenig gebräuchlicher ist oder wenn er bei P. in derselben Flexionsform vorkommt wie bei H. Dabei ging ich von der Erwägung aus, dass einerseits durch die zahlreichen unzweifelhaften Nachahmungen auch die weniger sicheren wahrscheinlich gemacht werden, andrerseits viele Ausdrücke, die sich auch bei Thukydides[1]) oder in der späteren Gräcität, z. B. bei Arrian[2]) und Appian[3]) finden, eben aus H. stammen und also mindestens indirekte Nachahmungen desselben sind.

Die Frage nach der Echtheit der Geheimgeschichte habe ich nicht besonders behandelt, da dieselbe wohl als entschieden betrachtet werden kann. Es genügt, zu konstatieren, dass die Echtheit durch die nachfolgende Untersuchung vollkommen bestätigt wird, indem die Nachahmung H.s sich in der Geheimgeschichte in den gleichen Wendungen und im gleichen Grade findet, wie in den unbestritten echten Werken P.s. Um dies deutlicher hervortreten zu lassen, habe ich die der Geheimgeschichte angehörenden Stellen immer zuletzt aufgeführt.

---

1. Kapitel. Einleitende und abschliessende Formeln.

In der Einleitung zu seinem Geschichtswerk ist P. zwar hauptsächlich dem Thukydides gefolgt, aber daneben sind ihm auch die einleitenden Worte H.'s vorgeschwebt, vgl.

I 1, 1 ὡς μήτε τὰ γενόμενα ἐξ ἀνθρώπων τῷ χρόνῳ ἐξίτηλα γένηται.

P. I 1, 10. 4 ὡς μὴ ἔργα ὑπερμεγέθη ὁ μέγας αἰὼν λόγου ἔρημα χειρωσάμενος τῇ τε λήθῃ αὐτὰ καταπρόηται καὶ παντάπασιν ἐξίτηλα θῆται. Vgl. G. IV 22, 576. 10 ὧν τὰ μὲν πλεῖστα ἐξίτηλα χρόνῳ τῷ μακρῷ γέγονε. ac. IV 6. 289, 22 ὅπερ τῷ χρόνῳ ἐξίτηλον γεγενημένον. V 5, 318, 10.

1) Vgl. Diener, De sermone Thucydidis, quatenus cum Herodoto congruens differat a scriptoribus Atticis. Diss. Lips. 1889.
2) Vgl. Grundmann, Quid in elocutione Arriani Herodoto debeatur. Diss. Lips. 1884.
3) Vgl. Zerdik, Quaestiones Appianeae. Diss. Kiliae. 1886.

Die behagliche Breite, mit der II. erzählt, wird hauptsächlich erzielt durch die formelhaften, immer wiederkehrenden Wendungen, mit denen er fast jeden grösseren oder kleineren Abschnitt einleitet und zusammenfassend abschliesst. P. hat diese Eigenart des II. nachgeahmt, doch mit dem Unterschied, dass bei ihm diese Formeln noch weit weniger variieren als bei H., aber auch nicht ganz so häufig vorkommen. Nachstehend geben wir zunächst eine Gegenüberstellung der einleitenden Wendungen.

I 5. 11 ἐγὼ δὲ περὶ μὲν τούτων οὐκ ἔρχομαι ἐρέων ὡς οὕτω ἢ ἄλλως κως ταῦτα ἐγένετο. Ebenso: II 40,4. 99. 4. III 80,25. VII 49, 14. — I 194. 2 ἔρχομαι φράσων. II 11, 4. III 6, 2. VI 109, 20. — VII 102. 9 ἔρχομαι δὲ λέξων οὐ περὶ πάντων τούσδε τοὺς λόγους. — II 35, 1 ἔρχομαι δὲ περὶ Αἰγύπτου μηκυνέων τὸν λόγον.

P. I 22, 250, 5 ἐγὼ δὲ ὅθεν τε ἤρξατο ἡ νόσος ἥδε καὶ τρόπῳ δὴ ὅτῳ τοὺς ἀνθρώπους διέφθειρεν ἐρῶν ἔρχομαι. Ebenso: P. I 10, 47. 15. 17, 82. 3. 19, 98, 21. II 4, 168, 23. V. I 11, 362, 17. 13, 368. 2. II 8, 442, 7. 14, 470. 1. G. I 11, 61, 21. 15, 79. 3. 19, 94, 16. II 8, 178, 13. 14, 199, 16. 20, 227, 10. III. 1, 283, 20. IV 4, 475, 18. 22, 573, 7. ne. II 3, 220, 20. III 4, 252, 14· (ἔρχωμαι ist sicher nur ein Druckfehler). 5, 255, 5. 6, 258, 24. IV 8, 294, 13. 10, 300, 6. V 1, 309, 12. VI 7, 342, 16. Λ. 12, 12, 6. 42, 23. 19, 112, 9. 22, 128, 17. 24, 137, 17. — V. I 1, 309, 2 ἐγὼ δὲ ὅσα ἔς τε Βανδίλους καὶ Μαυρουσίους αὐτῷ εἴργασται, φράσων ἔρχομαι. Λ. 25, 138, 15. — V. I 4, 328, 1 ὅτῳ δὲ τρόπῳ Οὐαλεντινιανὸς ἐτελεύτα, λέξων ἔρχομαι. — V. II 2, 418, 14 μηκῦναι τὸν λόγον οὐ δύναμαι.

I 19, 2 συνηνείχθη τι τοιόνδε γενέσθαι πρῆγμα. III 4, 1 Συνήνειχε δὲ καὶ ἄλλο τι τοιόνδε πρῆγμα γενέσθαι. 133, 1 Ἐν χρόνῳ δὲ ὀλίγῳ μετὰ ταῦτα τάδε ἄλλα

P. I 21, 108, 14 ἐν τούτῳ δὲ τοιόνδε τι ξυνηνέχθη γενέσθαι. G. I 24, 116, 18. III 22, 370, 4. IV 9, 497. 9. 16, 540. 20. 18, 550, 5. 27. 602. 4. ne. I 1, 180, 22.

συνήνεικε γενέσθαι. V 33, 7. —
VI 22, 14 ἐν ᾧ τοιόνδε δή τι
συνήνεικε γενέσθαι. 111, 12 τότε δὲ
... ἐγένετο τοιόνδε τι. 117, 4 συ-
νήνεικε δὲ αὐτόθι θωῦμα γενέσθαι
τοιόνδε. II 111, 3.

I 21, 6 Θρασύβουλος δὲ ...
μηχανᾶται τοιάδε. 48, 10 φυλάξας
τὴν κυρίην τῶν ἡμερέων ἐμηχα-
νᾶτο τοιάδε. 59, 20. 60, 16. II
121, a. 7. III 9. 2. IV 201. 4.
V 63, 18. VI 62, 2. VIII 7, 1.

V 7, 325, 22. — P. I 26, 137,
17 τοιόνδε τι ξυνέβη γενέσθαι. II
3, 158, 20 Ἐν τούτῳ δὲ καὶ ἄλλο
τι γενέσθαι τοιόνδε ξυνέβη. V. I
12. 363, 22 καὶ σφίσι ξυνέπεσε ..
πρᾶγμα τοιόνδε ξυνενεχθῆναι. II 7,
438, 12 ἕως οἱ θέαμα ἰδεῖν ξυνη-
νέχθη τοιόνδε. Α. 4, 30, 1 Ὑπὸ
τοῦτον τὸν χρόνον καί τι ἕτερον
αὐτῷ ἐπιπεσεῖν ξυνηνέχθη τοιόνδε.
5, 39, 9. 28, 155, 18.
V. I 7, 341, 5 δείσας δὲ ...
μηχανᾶται τοιάδε. G. III 36, 433, 12
καὶ ἐπεὶ παρῆν ἡ κυρία, Τωτίλας
μηχανᾶται τοιάδε. Α. 25, 140, 21.
28, 154, 23. Sonst sagt P. dafür
ἐπενόει τοιάδε od. τάδε; vgl. P. I
25, 132, 3. V. I 5, 333. 3. 28,
528, 22. G. I 2, 15. 14. ae. I 11,
206, 12 u. v. a.

Sehr häufig leitet H. eine Erzählung ein mit den Worten: τρόπῳ
τοιῷδε. Noch viel häufiger wendet P. die gleiche Formel an. Eben
in dieser Häufigkeit der Anwendung liegt die Übereinstimmung, weshalb
ich hier alle Stellen, die ich mir notiert habe, anführe: doch sind es
noch lange nicht alle.

I 17, 3 ἐπελαύνων γὰρ ἐπολιόρ-
κεε τὴν Μίλητον τρόπῳ τοιῷδε. 67,
5. III 8, 3. 24, 3. 68, 3. 98, 2.
IV 22, 8. 64. 6. 103, 3. 173, 2.
V 87, 7. VI 34, 5. 119, 13. VII
153, 10. VIII 137. 3. IX 109, 1.

P. I 2. 15, 1 ἀλλ' ἄπρακτος
ἐπανῆλθε ἐς τὰ οἰκεῖα τρόπῳ τοι-
ῷδε. 5, 26, 9. 7, 37, 8. 9, 43, 16.
13, 61, 19. 24, 119, 14. 25, 130,
5. 11 17, 227, 9. 22, 251, 21. V.
II 17, 486, 19. 25, 515, 10. G. I
1, 11, 8. 19, 97, 10. 21, 104, 12.
III 2. 288, 6. 10, 318, 14. 19,
358, 10. 38, 442, 13. IV 11, 508,
7. 27, 605, 2. 34, 632, 16. ae. I
1, 175, 7. 177, 24. 4, 186, 12
(Druckfehler). 8, 197, 7. 24. II
3, 218, 23. V 5, 319, 11. 7, 324,

Auch folgende Wendungen hat

IV 99, 22 ὃς δὲ τῆς Ἀττικῆς ταῦτα μὴ παραπέπλωκε, ἐγὼ δὲ ἄλλως δηλώσω. Vgl. I 192. 3. IV 36, 10. 81, 12.

24. A. 9, 64, 9. 11, 73, 18. 30, 161, 16. 164, 12.

P. häufig angewendet:

P. I 17, 83, 10 ἀλλ' ὅπως ἐγένετο, ἐγὼ δηλώσω. V. I 2, 314, 15. 22. 399. 4. II 1, 414, 19. 8, 443, 4. 15. 178, 8. G. II 3, 158, 11. 14, 205, 5. 29, 272, 9. III 29, 399, 11. IV 6, 483, 12. 9, 498, 15. 11, 507, 17. ac. I 171, 2. 10, 204. 6. II 1, 213, 6. 8. 231, 2. IV 5, 285, 45. 286, 20. V 6, 321, 9. A. 5, 42. 6. 9, 58, 19. 11, 77, 10. 18. 111. 5. 23, 130, 13. 29, 159, 20. —

VIII 6, 19 ἐγένετο δὲ ὧδε. II 113, 2 γενέσθαι ὧδε. IV 150, 3. VI 134, 3.

P. II 22, 251, 5 ἐγίνετο δὲ ὧδε. V. I 3, 322. 4. G. III 33, 416, 21 ἐγένετο δὲ ὧδε. 35, 427, 19. ac. II 2, 215. 4. A. 4, 32, 11.

Bemerkenswert wegen des Imperfekts neben selteneren Aorist scheint die Formel:

III 41, 7 ἐποίεε τοιάδε. I 191, 2 ἐποίεε δὴ τοιόνδε. IV 130, 5, ἐποίεον τοιάδε. VI 77, 17 ἐποίευν τοιόνδε. Ebenso: 79, 1. — VIII 84, 5 τάδε ἐποίεε. IX 54, 3. Der Aorist findet sich z. B. III 1, 16 ταῦτα δὴ ἐκλογιζόμενος ἐποίησε τάδε. II 121, γ, 5. VI 87, 4. IX 66, 5.

V. I 8, 346, 22 ἐποίει τοιάδε. 13, 366, 12 λογισάμενος οὖν ἐποίει τάδε. G. II 1, 145, 9. 16, 212. 16. III 10, 317. 21. IV 14, 528, 20. 31, 620. 5. ac. I 4, 187, 14. IV 10, 301, 12. A. 16, 98, 14. 21, 120, 2.

Der Wortlaut einer Inschrift, eines Orakelspruchs, eines Sprüchworts wird angeführt mit den Wendungen:

II 106, 13 γράμματα ἱερὰ Αἰγύπτια ἐγκεκολαμμένα λέγοντα τάδε· 136, 20. Ähnlich: I 124, 4. 187, 4. III 88, 16. IV 91, 3. V 59, 3. VII 228, 3. VIII 22, 5.

V. II 10, 450, 11 γράμματα Φοινικικὰ ἐγκεκολαμμένα ἔχουσαι τῇ Φοινίκων γλώσσῃ λέγοντα ὧδε. G. IV 22, 575, 21 καὶ γράμματα ἐν αὐτῷ ἐγκεκόλαπται. 576, 11 τὰ δὲ

IV 159, 8 ἔχρησε δὲ ὧδε ἔχοντα. VI 19, 6 τὰ δὲ τοῖσι Μιλησίοισι ... ἔχρησε, ἔχει ὧδε. VII 132, 6. 220, 14 ταῦτα δέ σφι ἐν ἔπεσι ἑξαμέτροισι χρᾷ λέγοντα ὧδε. VIII 20, 5 ὧδε ἔχει περὶ τούτων ὁ χρησμός. I 8. 16 πάλαι δὲ τὰ καλὰ ἀνθρώποισι ἐξεύρηται, ἐκ τῶν μανθάνειν δεῖ· ἐν τοῖσι ἓν τόδε ἐστί, σκοπέειν τινὰ τὰ ἑωυτοῦ.

πρῶτα (scil. τῶν γραμμάτων) καὶ ἐς τόδε διαφαίνεται λέγοντα ὧδε. G. I 24, 117, 19 εἶχε δὲ τὸ λόγιον ὧδε. Ähnlich: I 7, 34, 4 λέγει γὰρ ὧδε (scil. τὸ χρηστήριον).

G. I 20, 99, 18 Πάλαι ... τοῖς ἀνθρώποις εὖ τε καὶ καλῶς διώρισται τὰ τῶν πραγμάτων ὀνόματα. ἐν οἷς ἓν τόδε ἐστὶ, θράσος κεχώρισται ἀνδρείας. Ganz ähnlich: P. II 7, 184, 18.

Eine Begründung beginnt mit den Worten:

II 30. 8 δι' αἰτίην τοιήνδε. III 1, 3. 120, 7 διὰ τοιήνδε τινὰ αἰτίην. 139, 3. VII 194. 7 ἐπ' αἰτίῃ τοιῇδε.

P. hat dafür regelmässig: ἐξ αἰτίας τοιᾶσδε. Vgl. P. I 18, 97, 18. 23, 118, 13. II 11. 199. 20. V. I 13, 367, 18. G. I 11, 258. 13. 18, 87. 23. II 14. 204, 13. III 35. 429. 8. 36. 436. 21. 40, 450, 3. IV 11, 509, 14. 14, 531, 14. 20, 559, 3. ac. III 5. 256. 13. A. 8. 55. 13. — ἀπ' αἰτίας τοιᾶσδε findet sich: G. III 1, 285, 22.

Unter den zahlreichen Wendungen, mit denen II. eine Erzählung zusammenfassend abzuschliessen pflegt, haben folgende bei P. Nachahmung gefunden.

I 14, 1 Τὴν μὲν δὴ τυραννίδα οὕτω ἔσχον οἱ Μερμνάδαι τοὺς Ἡρακλείδας ἀπελόμενοι. Γύγης δὲ κτλ. 60, 3 οὕτω μὲν Πεισίστρατος ἔσχε τὸ πρῶτον Ἀθήνας. 176, 13 τὴν μὲν δὴ Ξάνθον οὕτως ἔσχε ὁ Ἅρπαγος. II 155, 1 Ψαμμήτιχος μὲν νυν οὕτω ἔσχε Αἴγυπ-

V. I 4. 325, 17 Τὴν μὲν δὴ Λιβύην οὕτω Βανδίλοι Ῥωμαίους ἀφελόμενοι ἔσχον. τῶν δὲ πολεμίων κτλ. (Vgl. 331. 9 τὴν τυραννίδα ἔσχε). P. I 21, 110, 11 Οὕτω μὲν ὁ Χοσρόης τὴν ἀρχὴν ἔσχεν. G. I 13, 71, 5. IV 16, 542, 22. Ähnlich: P. I 9, 46, 13 Οὕτω μὲν

τον. VI 140, 11 (vgl. 137, 1).
VIII 127. 8. IX 27, 40.

III 3. 1 καὶ ταῦτα μὲν ὧδε
ἔχει. 118, 1 ταῦτα μὲν δὴ ἔχει
οὕτω. IV 187. 1 ταῦτα μὲν δὴ
οὕτω ἔχει. VI 26. 1 Ταῦτα μὲν δὴ
οὕτω ἐγίνετο. 61. 1. VII 239, 25.
Vgl. IV 65. 1.

VI 31. 1 Τὰ μὲν περὶ Ἰστιαῖον
οὕτω ἔσχε. 119. 22 τὰ μὲν δὴ πε-
ρὶ Ἐρετριέας ἔσχε οὕτω.

I 92. 22 καὶ περὶ μὲν ἀναθη-
μάτων τοσαῦτα εἰρήσθω. II 35, 1.
76. 13. III 113. 1. IV 15. 20.
36. 1. VI 55, 1.

I 94. 1 τοῦτο μὲν δὴ τοιοῦτό
ἐστι. 185. 17 τοῦτο μὲν δὴ τοιοῦ-
τον ἐποίησε. III 108. 13. IV 82.
8. VI 47. 8. 58. 5. — II 8. 11
τοῦτο μέν νυν τὸ ὄρος τοιοῦτό
ἐστι. VIII 13. 1. V 39. 6 τού-
του δὲ τοιούτου ἐόντος. IX 50, 1
τούτου δὲ τοιούτου γενομένου. 6
ἀλλὰ γὰρ τούτων τοιούτων ἐόντων.
— I 195. 1 τὰ μὲν δὴ πλοῖα αὐ-
τοῖσι ἐστι τοιαῦτα.

Ἀμίδαν Ῥωμαῖοι τὰ χρήματα δόν-
τες ἀπέλαβον. 11. 56, 13. 14. 74;
1. II 17. 228, 14. 30, 296, 4.
V. I 3. 321, 15. G. III 34, 419, 9.
V. II 13, 466, 17 ταῦτα μὲν
δὴ ὧδέ πως ἔχει. ac. I 2, 182, 23.
— P. II 11, 200, 16 ταῦτα μὲν δὴ
οὕτως ἔσχεν. G. II 5, 167, 16.—
V. I 13, 369, 5 ταῦτα μὲν δὴ οὕ-
τως ἐγένετο. G. I 20, 98, 21. II 20.
228. 10. III 15, 340, 2. A. 21.
118. 24.
P. I 15, 78. 10 τὰ μὲν οὖν
ἀμφὶ τοῖς Τζανοῖς ταύτῃ πη ἔσχεν.
19. 100. 12. 102, 4. V. I 12, 363,
15. II 10, 451, 10. G. I 7. 38, 15.
II 4, 163, 19. 20. 228, 20. III 7.
306, 4. 11, 319, 6. A. 6. 45, 5.
9, 65. 13. 23, 128, 15. 30. 162,
9 u. a.
G. IV 3. 471, 11 περὶ μὲν οὖν
τῶν Ἀμαζόνων τοσαῦτα εἰρήσθω.
I 8. 41. 4 πρὸς μὲν οὖν Νεαπολί-
τας ἡμῖν τοσαῦτα εἰρήσθω. III 34,
423, 6 ταῦτα μὲν οὖν ... εἰρήσθω.
ac. IV 8. 295. 2 ταῦτα μὲν οὖν
τοιαῦτά ἐστι. VI 7. 343. 24 ἀλλὰ
ταῦτα μὲν τοιαῦτά ἐστιν. G. IV
24, 591. 19 ταῦτ᾽ οὖν τοιαῦτά ἐστι.
— P. II 19, 237. 22 τούτων δὲ
τοιούτων ὄντων. V. I 15, 375, 19.
II 11, 456. 5. G. II 6, 170, 17.
III 16, 342. 15. — G. I 14, 75, 2
τὰ μὲν δὴ τῆς Ἀππίας ὁδοῦ τοι-
αῦτά ἐστι. II 17, 215, 10. IV 2,
465, 3. 20. 560. 11. ac. I 6, 193,
3. 9, 201. 13. V 4, 318. 4.

Der durch eine Zwischenbemerkung oder längere Abschweifung

λεγόμενον. VI 117, 10. IX 16, 6 τάδε δὲ ἤδη τὰ ἐπίλοιπα ἤκουον Θερσάνδρου κτλ. 31, 95, 2 ἤδη δὲ καὶ τόδε ἤκουσα. Im Gegensatz zur Autopsie wird vom Hörensagen berichtet: II 148, 24 οὕτω τῶν μὲν κάτω πέρι οἰκημάτων ἀκοῇ παραλαβόντες λέγομεν, τὰ δὲ ἄνω... αὐτοὶ ὡρῶμεν.

κοα. II 13, 466, 13 τούτου τοῦ ἀνθρώπου ἐγὼ λέγοντος ἤκουσα. G. IV 21, 570, 12 ἤκουσα δέ ποτε καὶ τόνδε τὸν λόγον ἐπαγγέλλοντος Ῥωμαίου ἀνδρός. V. I 10, 354, 9 ἣν οὐδὲ ἀκοῇ πρότερον παραλαβόντες ἐτύγχανον.

Denkmäler, Kunstwerke, Ruinen, Gebräuche u. dgl.. die sich bis auf die Gegenwart erhalten haben, werden als Zeugen der Vergangenheit angeführt:

I 92, 6 ταῦτα μὲν ἔτι καὶ ἐς ἐμὲ ἦν περιεόντα. V 77, 17 αἵπερ ἔτι καὶ ἐς ἐμὲ ἦσαν περιεοῦσαι. III 97, 12 καὶ τὸ μέχρι ἐμεῦ. IV 124, 5 τῶν ἔτι ἐς ἐμὲ τὰ ἐρείπια σόα ἦν. V 45. 12 τὰ καὶ ἐς ἐμὲ ἔτι ἐνέμοντο οἱ Καλλίεω ἀπόγονοι. Vgl. auch: I 52, 5. 66, 21. 93, 9. 181, 6. II 122, 8. 130, 2. 131, 12. 181, 20. III 97, 18. IV 204, 6. V 58, 15. 89, 2. VI 42, 12. VIII 39, 6. 121, 6.

V. I 8, 345, 3 οἳ ἔτι καὶ ἐς ἐμὲ περιόντες ἐν Βυζαντίῳ ἐχρῶντο ἀκραιφνεῖ τῇ φωνῇ. G. IV 3, 471, 18 μέχρι μὲν καὶ ἐς ἐμέ. V. I 2. 316, 10 ἧς δὴ τὰ πλεῖστα ἡμίκαντα καὶ ἐς ἐμὲ ἔστηκε. G. IV 5, 478. 13 οὗ δὴ καὶ ἐς ἐμὲ ᾤκηνται. Vgl. P. I 17, 83, 9. 19, 104, 4. G. I 15, 78, 1. IV 2, 465, 9. 466, 17. 4, 473, 17. 29, 610, 9.

Zuweilen wird ein Name, eine Thatsache aus irgend einem Grunde verschwiegen; dies wird folgendermassen ausgedrückt.

I 51, 19 τοῦ ἐπιστάμενος τὸ οὔνομα οὐκ ἐπιμνήσομαι. 193, 22 ἐξεπιστάμενος μνήμην οὐ ποιήσομαι. II 123, 14 τῶν ἐγὼ εἰδὼς τὰ οὐνόματα οὐ γράφω. IV 43, 34 τοῦ ἐπιστάμενος τὸ οὔνομα ἑκὼν ἐπι.ήθομαι. Vgl. III 75, 5 τούτων μὲν ἑκὼν ἐπελήθετο. 125, 10 ἀποκτείνας δέ μιν οὐκ ἀξίως ἀπηγήσιος.

V. I 7, 342, 11 ὧνπερ τὰ ὀνόματα ἐξεπιστάμενος ὡς ἥκιστα ἐπιμνήσομαι. G. I 3, 17, 15 τὰ δὲ ἀντιλεγόμενα ἐγὼ ἐξεπιστάμενος ὡς ἥκιστα ἐπιμνήσομαι. III 10, 318, 21 ἔκτειναν τρόπῳ δὴ ᾧπερ ἐξεπιστάμενος ἔγωγε ὡς ἥκιστα ἐπιμνήσομαι. A. 15, 94, 11 οὗπερ ἐγὼ τὸ ὄνομα ἐξεπιστάμενος ὡς ἥκιστα ἐπιμνήσομαι. — P. II 11, 202, 8 ἐπελάθετο ἑκών γε εἶναι τῶν .. ξυγκειμένων. A. 5, 40, 7 ἐπελάθετο μὲν ἐθελουσία ὧν ἐκείνῃ . . . εἴργαστο.

Wo aber die Wahrheit gesagt werden muss, thut er es auch auf die Gefahr hin, Anstoss zu erregen.

VII 139, 1 Ἐνθαῦτα ἀναγκαίῃ ἐξέργομαι γνώμην ἀποδέξασθαι ἐπίφθονον μὲν πρὸς τῶν πλεόνων ἀνθρώπων, ὅμως δὲ, τῇ γ' ἐμοὶ φαίνεται εἶναι ἀληθὲς, οὐκ ἐπισχήσω. Dagegen 96, 5 οὐ γὰρ ἀναγκαίῃ ἐξέργομαι ἐς ἱστορίης λόγον.

G. IV 20, 566, 14 ἐνταῦθα δέ μοι γενομένῳ τῆς ἱστορίας ἐπάναγκές ἐστι λόγον μυθολογίᾳ ἐμφερεστάτου ἐπιμνησθῆναι. V. II 10, 449, 8 ἐπεὶ δὲ ἡμᾶς ὁ τῆς ἱστορίας λόγος ἐνταῦθα ἤγαγεν, ἐπάναγκες εἰπεῖν.

Eine Voraussagung, Befürchtung oder Hoffnung wird als richtig bestätigt mit den Worten:

II 2, 16 τάπερ ὧν καὶ ἐγένετο. VIII 109, 26. — VII 168, 23 τάπερ ἂν καὶ ἐγένετο. IX 113, 8.

V. 1 15, 378, 4 ὅπερ οὖν καὶ ἐγένετο. Λ. 1, 18, 14.

Ein fremdes Wort wird ins Griechische übersetzt mit den Worten:

II 30, 4 δύναται δὲ τοῦτο τὸ ἔπος κατὰ τὴν Ἑλλήνων γλῶσσαν κτλ. Vgl. IV 110, 3. 192, 15. VI 98, 16.

G. IV 10, 504, 3 (δύναται δὲ τοῦτο τῇ Περσῶν φωνῇ ἀθανατίζειν). G. I 15, 77, 9 βέντος γὰρ ἄνεμον Λατίνων φωνῇ δύναται. ac. IV 1, 266, 20.

In dieses Kapitel gehören endlich auch die Hinweise auf frühere und spätere Stellen desselben Werkes, die sich bei P. in gleicher oder ähnlicher Form finden wie bei H. Auf frühere Stellen wird mit folgenden Worten verwiesen:

I 18, 9 ὡς καὶ πρότερόν μοι δεδήλωται. Ebenso: IV 129, 5. VII 108, 3. 217, 7. — II 9, 5 ἤδη μοι καὶ πρότερον δεδήλωται. IX 32, 12 ὡς καὶ πρότερον δεδήλωται. VI 132, 14 ὥς μοι πρότερον δεδήλωται. III 159, 10 ὡς καὶ κατ' ἀρχὰς δεδήλωται.

G. I 10, 55, 10 ὡς πρότερόν μοι δεδήλωται. P. II 20, 241, 1 ὥσπερ μοι ἐν τοῖς ἔμπροσθεν λόγοις δεδήλωται. V. II 20, 501, 13. G. II 9, 182, 1. IV 5, 478, 6 (ᾗπερ). Λ. 2, 21, 5 (ἅπερ). — G. II 11, 189, 8 ὥσπερ μοι ἔμπροσθεν δεδήλωται. III 20, 364, 19 ὥς γε δεδήλωται. IV 29, 611, 15

I 130, 15 ὡς εἴρηταί μοι πρότερον. 169. 7 ὡςκαὶ πρότερόν μοιεἴρηται. IV 1, 5. V 35, 18. VIII 119, 10. IX 101, 4. Vgl. II 50. 5. 61, 2. IV 181, 13. VIII 93, 10.

IV 77, 9 ὥσπερ πρότερον εἰρέθη. 156, 12 ὡς καὶ πρότερον εἰρέθη. VII 184, 16. — VI 15, 4 ὥσπερ καὶ πρότερον εἰρέθη. VIII 95, 1 τοῦ καὶ ὀλίγω τι πρότερον τούτων ἐπεμνήσθην. IV 16, 4 τοῦπερ ὀλίγω πρότερον τούτων μνήμην ἐποιεύμην. VII 113. 5. — I 85, 2 τοῦ καὶ πρότερον ἐπεμνήσθην. Ähnlich: VIII 66, 15.

ἥπέρ μοι δεδήλωται. ae. II 1, 210, 4. III 1, 246, 9. G. III 23, 375, 7 ὥς μοι ἔμπροσθεν εἴρηται. II 10, 186, 15 ὥςπερ μοι ἔμπροσθεν εἴρηται. III 20, 363, 20. — I 4, 25, 16 ὥςπερ μοι ὀλίγω ἔμπροσθεν εἴρηται. III 35, 430, 5 ὥσπερ μοι εἴρηται. A. 2, 23, 4. 9, 66, 7. 10, 70, 13. 13, 86, 19. V. II 9, 445, 23 ὥσπερ ἐν τοῖς ἔμπροσθεν λόγοις ἐρρήθη. G. II 7, 173, 12. III 31, 405, 17. — G. I 6, 32, 20 ὥσπερ ἐρρήθη. V. II 11, 453, 5 ὧν ὀλίγω πρότερον ἐπεμνήσθην. G. IV 35, 642, 20 οὗπερ πρότερον ἐπεμνήσθην. III 37, 440, 14 οὗπερ ἐν τοῖς ἔμπροσθεν λόγοις ἐμνήσθην. Ebenso: IV 26, 599, 13. 34, 633, 6. A. 4, 30, 2. 21, 119, 16. Ähnlich: G. III 3, 290, 12. IV 35, 642, 20. A. 1, 12, 14. 6. 44, 22. 18. 112, 5.

Auf spätere Stellen wird verwiesen mit den Worten:

V 22. 5 ἐν τοῖσι ὄπισθε λόγοις ἀποδέξω. VII 213. 12 δι' ἄλλην αἰτίην, τὴν ἐγὼ ἐν τοῖσι ὄπισθε λόγοισι σημανέω. Ähnlich: I 75. 2.

P. I 23, 116, 14 ὥς μοι ἐν τοῖς ὄπισθεν λόγοις γεγράψεται. 26, 137. 8. II 11, 203, 1. V. II 11, 469, 9. G. I 18, 93, 11. 24, 118. 8. II 2, 154, 12. A. 1, 13, 13. 11, 76, 7. 17, 102, 5 (hier ist selbstverständlich ὄπισθεν für ἔμπροσθεν zu lesen). 26. 115, 12.

VI 19. 5 ἐπεὰν κατὰ τοῦτο γένωμαι τοῦ λόγου, τότε μνησθήσομαι.

V. I 13, 368. 1 ἡνίκα πρὸς τῆς ἱστορίας ἐς τόδε ἡγόμην τοῦ λόγου. Ähnlich: G. IV 6, 481, 19. ae. II 7, 228, 14.

3. Kapitel. Zeit und Ort.

Diese beiden Begriffe bilden gleichsam den äusseren Rahmen der Geschichte; wir vereinigen sie daher in diesem Kapitel. Von den Ausdrücken, die ein Zeitverhältnis bezeichnen, bringen wir zuerst die allgemeinen, dann die, welche sich auf die Lebenszeit, zuletzt die, welche sich auf die Tageszeit beziehen.

Auf die ältesten Zeiten weisen zurück die Ausdrücke:

VI 109, 14 *ἐξ οὗ ἐγένοντο Ἀθηναῖοι*.

G. IV 11, 510, 14 *ἐξ οὗ γεγόνασιν ἄνθρωποι*. A. 16, 98, 10. 29, 158, 21 (*ἀφ᾽ οὗ*).

V 55, 6 *γένος ἐόντες τὰ ἀνέκαθεν Γεφυραῖοι*. 66, 5. 92, β. 7. VI 35, 4. 125, 1. VII 221, 4. *τὸ ά.* findet sich I 170, 13 *τὸ ἀνέκαθεν γένος ἐόντος Φοίνικος*. II 43, 10. VI 128, 13. Ohne Artikel: V 62, 16. 65, 15. VI 53, 7.

V. II 27, 524, 16 *ὡς εἰ Ἀρσακίδης ἀνέκαθεν γένος*. Ohne Artikel auch: ac. IV 1, 269, 5. A. 17, 101, 10. *τὸ ά.*: P. I 11, 55. 2. II 19, 235, 17. V. I 16, 378, 21. 20. 394, 12. G. I 1, 11. 10. 12, 63. 10. II 6, 171, 17. III 14, 336. 3. A. 14, 88, 7. 15, 94, 4. 25. 140. 24. 30, 163, 3.

„Im Laufe, Fortschritt der Zeit" heisst:

III 96, 2 *προϊόντος μέντοι τοῦ χρόνου*. VI 64, 2 *χρόνου δὲ προϊόντος*. VII 197, 13. VIII 105, 14. IX 109, 1. Ähnlich: VI 129, 7 *προϊούσης δὲ τῆς πόσιος*.

G. I 12. 63, 12 *Προϊόντος δὲ χρόνου*. II 14. 200, 13. — 24, 244, 3 *προϊόντος δὲ τοῦ χρόνου*. IV 5, 476, 20. ac. II 6, 226, 10. V 7, 325. 21. VI 2, 332, 24. A. 21. 136. 2. 137, 20. — V. II 28, 530, 6 *προϊόντος δὲ τοῦ πότου*.

Die Zeitgenossen werden folgendermassen bezeichnet:

III 125, 5 *τὴν τέχνην ἀσκέοντα ἄριστα τῶν κατ᾽ ἑωυτόν*. I 23, 6 *ἐόντα κιθαρῳδὸν τῶν τότε ἐόντων οὐδενὸς δεύτερον*.

P. II 3, 162. 8 *στρατηγὸς δὲ ἄριστος τῶν καθ᾽ αὑτὸν οὐδενὸς ἥσσων*. I 24, 122, 11.

Auf die nachfolgende Zeit beziehen sich die Wendungen:

III 126, 3 *χρόνῳ δὲ οὐ πολλῷ ὕστερον*. 123, 4.

V. II 23, 511, 5 *χρόνῳ δὲ οὐ πολλῷ ὕστερον*. Ebenso: G. III

III 155, 37 τὸ δὲ ἐνθεῦτεν ἐμοί τε καὶ Πέρσῃσι μελήσει. V 98, 13 τὸ δὲ ἀπὸ τούτου ἡμῖν ἤδη μελήσει. (Vgl. VIII 19, 12 κομιδῆς δὲ πέρι αὐτῷ μελήσειν.)

11, 320, 19. Ähnlich: G. III 5, 298, 12. 300, 14. P. II 29, 286, 22 τὸ γὰρ ἐνθένδε αὐτῷ μελήσειν. G. III 18, 353, 18 αὐτῷ γὰρ τὰ ἄλλα μελήσειν.

Eine bestimmte Zeit, ein verabredeter Tag wird bezeichnet:

I 77, 13 παρεῖναι ἐς χρόνον ῥητόν.

Λ. 24, 136, 15 χρόνου οἱ ῥητοῦ συντάξεις ἀφίεσαν.

I 48, 10 φυλάξας τὴν κυρίην τῶν ἡμερέων. V 50, 2 ἐπείτε δὲ ἡ κυρίη ἡμέρη ἐγένετο. 93, 4. VI 129, 1.

P. I 25, 133, 21 Ἐπειδή τε ἡ κυρία παρῆν. Ebenso: II 12, 205, 13. V. I 2, 316, 1. II 14, 472, 14 ἡμέρας δὲ ἤδη τῆς κυρίας παρούσης. G. I 9, 45, 21. III 10, 316, 22. 12, 326, 15. 36, 433, 12.

In Bezug auf das menschliche Lebensalter sind zwei Ausdrücke zu erwähnen; der eine bezieht sich auf die Zeit der Jugendkraft, der andere auf das Greisenalter.

I 172, 11 ἐνδύντες τὰ ὅπλα ἅπαντες Καύνιοι ἡβηδόν. VI 21, 4 Μιλήσιοι πάντες ἡβηδὸν.

P. I 5, 26, 22 σχεδόν τι ἅπαντας ἡβηδὸν ἔκτειναν. G. I 9, 48, 13. III 29, 397, 21. 38, 443, 18. ae. IV 1, 268, 14.

III 14, 43 ἐπὶ γήραος οὐδῷ (nach Il. X 60).

G. IV 19, 557, 9 ἐπὶ γήραος οὐδῷ.

Wenn wir den Tag vom Morgen bis in die Nacht durchgehen, finden wir folgende Übereinstimmungen:

I 11, 2 ὡς δὲ ἡμέρη τάχιστα ἐγεγόνεε. V 56, 7. VII 18, 21. IX 118, 6.

V. I 4, 331, 17 καὶ ἐπειδὴ τάχιστα ἡμέρα ἐγένετο. Vgl. G. III 20, 362, 14 ἐπειδὴ τάχιστα νὺξ ἐγεγόνει.

III 104, 10 μεσοῦσα δὲ ἡ ἡμέρη.

G. I 29, 137, 23 ἤδη δὲ τῆς ἡμέρας μεσούσης.

VIII 6, 2 περὶ δείλην πρωίην γινομένην.

G. IV 31, 620, 19 πᾶσαν κατέτριψε τὴν δείλην πρωΐαν.

VII 215, 10 περὶ λύχνων ἁφάς. vgl. Scheftlein a. a. O. p. 47.

V. I 16, 380, 5 περὶ λύχνων ἁφάς. 19, 391, 12. 20, 393, 22. II 15, 476, 13. G. I 10, 49, 16.

2*

VIII 70, 4 νὺξ γὰρ ἐπεγένετο.

II 121, ὁ 27 ὡς πρόσω ἦν τῆς νυκτὸς. IX 44, 2.

II 133, 18 οὔτε ἡμέρης οὔτε νυκτὸς ἀνιέντα.

II 9, 183, 16. IV 17, 549, 10. 27, 604, 9.
G. II 2, 152, 18 νύξ τε ἐπεγένετο. 12, 193, 2.
V. II 12, 460, 21 καὶ ἐπειδὴ πόρρω ἦν τῶν νυκτῶν. G. II 24, 244, 10.
G. III 26, 387, 3 οὔτε νύκτα ἀνεὶς οὔτε ἡμέραν. 32, 409, 2.
V. II 4, 125, 5.

Grössere Entfernungen bemisst H. einigemale nach den Tagemärschen eines rüstigen Mannes (ἀνὴρ εὔζωνος = vir expeditus) und Thukydides folgt seinem Vorgange (s. m. Abh. p. 9⁰. P. hat sich vielfach des gleichen Masses bedient und denselben Ausdruck dafür angewendet.

I 72, 13 μῆκος ὁδοῦ εὐζώνῳ ἀνδρὶ πέντε ἡμέραι ἀναισιμοῦνται. 104. 1 ἔστι δὲ ... τριήκοντα ἡμερέων εὐζώνῳ ὁδός. II 34, 8 ἐνθεῦτεν δὲ ἐς Σινώπην ... πέντε ἡμερέων ἰθέα ὁδὸς εὐζώνῳ ἀνδρί.

P. II 5, 171, 15 τριῶν τε σχεδόν τι ὁδὸν ἡμερῶν εὐζώνῳ ἀνδρὶ. 7, 181, 4 δυοῖν δὲ ἡμερῶν ὁδῷ εὐζώνῳ ἀνδρὶ ἑκατέρας διέχει. Ähnlich: V. I 1, 310, 16. II 5, 430, 15. G. I 1, 9, 2. II 7, 178, 4. 19, 221, 13. IV 5, 181, 15. ae. III 2, 249, 2.

Aber während H. einen solchen Tagmarsch auf 200 Stadien berechnet, nimmt P. dafür 210 Stadien an. Dies ist zwar kein grosser Unterschied, aber die Abweichung P.s ist immerhin auffallend.

IV 101. 9 ἡ δὲ · ὁδός ἡ ἡμερησίη ἀνὰ διηκόσια στάδια συμβέβληταί μοι.

V. I 1. 312. 3 μιᾶς δὲ ἡμέρας ὁδὸς ἐς δέκα καὶ διακοσίους διήκει σταδίους, ὅσον Ἀθήνηθεν Μέγαράδε ἰέναι.

Der letzte Zusatz ist für P. charakteristisch. Seinen hauptstädtischen Lesern wäre gewiss ein aus der Umgebung Konstantinopels entnommener Massstab verständlicher gewesen: aber seine Vorbilder haben zunächst ein athenisches Publikum vor Augen, wie auch H. einmal eine Entfernung in Ägypten durch die Enfernung zwischen Athen und Pisa veranschaulicht (II 7, 3 ff.), also schreibt auch P., als ob seine Leser Athener wären. —

Eine eilige, rasche Bewegung bezeichnen folgende Ausdrücke:

VIII 107, 7 ὡς τάχεος εἶχε ἕκαστος. Vgl. Thuc. II 90.

V. I 3, 324, 8 ὡς εἶχον τάχους.

— 21 —

IX 7, 29 ὅ τι τάχος. Ähnlich: | G. II 4, 159, 8 ἥξειν τε . . . .
V 106, 27 ὡς τάχος. Vgl. Thuc. | ὅ τι τάχος.
VII 42.

Ganz nach Herodoteischem Muster hat P. seinem Geschichtswerk zahlreiche geographische und ethnographische Exkurse eingefügt, die bisweilen nur in sehr losem Zusammenhang mit der Darstellung der geschichtlichen Ereignisse stehen, meist aber dem Leser den Schauplatz derselben vergegenwärtigen sollen. Bei diesen Schilderungen hat er öfters Herodoteische Ausdrücke benützt, die nachstehend verzeichnet werden:

Gebirge:

VII 176, 12 τῶν δὲ Θερμοπυλέων τὸ μὲν πρὸς ἑσπέρης ὄρος ἄβατόν τε καὶ ἀπόκρημνον, ὑψηλὸν, ἀνατεῖνον ἐς τὴν Οἴτην. 198, 6 περὶ δὲ τὸν χῶρον ὄρεα ὑψηλὰ καὶ ἄβατα περικληίει κτλ. Vgl. I 84, 10 ἀπότομός τε γάρ ἐστι ταύτῃ ἡ ἀκρόπολις καὶ ἄμαχος.

V. II 12, 458, 21 ἔστι δὲ τὸ ὄρος Βουργάων ἐπὶ πλεῖστον μὲν ἀπότομον καὶ . . . δεινῶς ἄβατον. G. IV 14, 529, 11. — G. IV 2, 467, 19 ταύτῃ δὲ τῇ χώρῳ ὄρη ἐπίκεινται ἄγαν τε ὑψηλὰ καὶ ἀμφιλαφῆ καὶ δεινῶς ἄβατα.

Ebenen:

II 108, 10 ἀπὸ γὰρ τούτου τοῦ χρόνου Αἴγυπτος ἐοῦσα πεδιὰς πᾶσα ἄνιππος καὶ ἀναμάξευτος γέγονε.
II 7, 2 ἐστὶ εὐρέα Αἴγυπτος, ἐοῦσα πᾶσα ὑπτίη κτλ.

ac. II 4, 220, 21 χώρα τις . . ἐστιν ἀναμάξευτός τε καὶ ἄφιππος ὅλως.

P. I 4, 21, 5 ἐν πεδίῳ λίαν ὑπτίῳ. II 18, 231, 14. V. II 13, 463, 13. G. II 20, 225, 13. IV 11, 509, 11 u. s. w.

Wüsten:

II 31, 6 τὸ δὲ ἀπὸ τοῦδε οὐδεὶς ἔχει σαφέως φράσαι· ἔρημος γάρ ἐστι ἡ χώρη αὕτη ὑπὸ καύματος.
II 32, 22 τὰ δὲ κατύπερθε τῆς θηριώδεος ψάμμος τε ἐστὶ καὶ ἄνυδρος δεινῶς καὶ ἔρημος πάντων.

G. I 12, 62, 4 Λιβύης μὲν οὖν τὰ ἐπέκεινα ἐς τὸ ἀκριβὲς οὐκ ἔχω εἰπεῖν· ἔρημος γάρ ἐστιν ἐπὶ πλεῖστον ἀνθρώπων. P. I 17, 85, 18 χώρα . . . ἐκ τοῦ ἐπὶ πλεῖστον ἄνυδρόν τε καὶ ἀνθρώπων ἔρημον οὖσαν. 19, 100, 8 γῆ τε γὰρ ἀνθρώπων παντελῶς ἔρημος καὶ ἀτεχνῶς ἄνυδρος.

II 34, 3 ἀοίκητός τε γὰρ καὶ ἔρημός ἐστι ἡ Λιβύη.

Inseln:

Ι 170, 8 νήσων τε ἁπασέων μεγίστην νεμομένους (scil. Σαρδώ). V 106, 33 Σαρδὼ νῆσον τὴν μεγίστην.

V 31, 13 Εὐβοίη, νήσῳ μεγάλῃ τε καὶ εὐδαίμονι καὶ οὐκ ἐλάσσονι Κύπρου.

Himmelsgegenden:

III 98, 3 ἔστι τῆς Ἰνδικῆς τὸ πρὸς ἥλιον ἀνίσχοντα ψάμμος. Ebenso: II 136, 3. IV 40, 6. 116, 2 u. a.

II 101, 5 τοῦ Ἡφαίστου τὰ πρὸς βορέην ἄνεμον τετραμμένα προπύλαια. Ähnlich vom West-thor: 121, 2 τὰ πρὸς ἑσπέρην τετραμμένα, vom Ostthor: 136, 3 τὰ πρὸς ἥλιον ἀνίσχοντα (s. o.), vom Südthor: 153, 3 τὰ πρὸς νότον ἄνεμον τετραμμένα.

Grenzen:

III 106, 1 Αἱ δ᾽ ἐσχατιαί κως τῆς οἰκεομένης τὰ κάλλιστα ἔλαχον.

IV 39, 3 ᾗ τε Περσικὴ καὶ ἀπὸ ταύτης ἐκδεκομένη ἡ Ἀσσυρίη. 41, 2. 99, 3.

P. II 5, 171, 23 τὴν χώραν κατενόησεν ἀοίκητόν τε καὶ πάντων ἀγαθῶν ἔρημον οὖσαν. Vgl. V. II 13, 466, 14.

V. I 1, 312, 6 Βρεττανία . . . νήσων ἁπασῶν μεγίστη παρὰ πολὺ οὖσα.

V. II 13, 468, 12 αὕτη γὰρ ἡ νῆσος (scil. Σαρδὼ) μεγάλη μέν ἐστι καὶ ἄλλως εὐδαίμων, ἐς τὰς δύο μάλιστα τῆς Σικελίας κατατείνουσα μοίρας.

G. IV 2, 465, 21 ἐς τῆς πόλεως τὰ πρὸς ἀνίσχοντα ἥλιον. 467, 21.— 20, 566, 1 τὰ μὲν γὰρ τοῦ τείχους πρὸς ἀνίσχοντα ἥλιον. II 7, 175, 17.

G. II 4, 162, 15 τετραμμένον αὐτῆς (wie ohne Zweifel für αὐτῇ zu lesen ist) πρὸς βορρᾶν ἄνεμον. Ebenso: P. I 17, 82, 6. G. II 27, 255, 18. — ae. VI 2, 333, 14 τετραμμέναι μὲν αὐτοῦ πρὸς ἄνεμον νότον. P. II 5, 175, 15. 29, 289, 20. — V. II 13, 466, 10 τὴν πρὸς ἑσπέραν . . . χώραν.

II 3, 166, 5 πρὸς ταῖς τῆς οἰκουμένης ἐσχατιαῖς. 22, 259, 15. V. II 10, 451, 4. G. II 15, 205, 10. P. I 15, 78, 15 τὸ δὲ ἐνθένδε οἱ Περσαρμενίων ὅροι ἐκδέχονται. 19, 99, 11. II 29, 289, 20. G. IV 2, 465, 4.

Die alte Frage nach den Grenzen der drei Erdteile, die schon H.

eingehend behandelt, berührt auch P. in einem geographischen Exkurs, und hier ist's, wo er den II. citiert:

IV 45, 4 οὐδ' ἔχω συμβαλέσθαι, ἐπ' ὅτευ μιῇ ἐούσῃ γῇ οὐνόματα τριφάσια κέεται ἐπωνυμίας ἔχοντα γυναικῶν, καὶ οὐρίσματα αὐτῇ Νεῖλός τε ὁ Αἰγύπτιος ποταμὸς ἐτέθη καὶ Φᾶσις ὁ Κόλχος (οἱ δὲ Τάναϊν ποταμὸν τὸν Μαιήτην καὶ πορθμήια τὰ Κιμμέρια λέγουσι).

G. IV 6, 484, 10 καί μοι οὐκ ἄπο καιροῦ ἔδοξεν εἶναι αὐτὰ τοῦ Ἡροδότου τὰ γράμματα τῷ λόγῳ ἐνθεῖναι ὧδέ πη ἔχοντα· „Οὐδὲ ἔχω συμβαλέσθαι ἀπὸ τοῦ μιῇ ἐούσῃ γῇ ὀνόματα τριφάσια κέαται, ἐπωνυμίην ἔχοντα γυναικῶν, καὶ ὀρίσματα αὐτῇ Νεῖλός τε ὁ Αἰγύπτιος ποταμὸς ἐτέθη καὶ Φᾶσις ὁ Κολχός. οἱ δὲ Τάναϊν ποταμὸν καὶ Μαιῶτιν καὶ πορθμήια τὰ Κιμμέρια λέγουσιν."

Wir sehen, es ist kein ganz wörtliches Citat, wie auch P. mit dem Wörtchen πὴ andeutet, und Stein ist im Irrtum, wenn er die Abweichungen Ps. als Textvarianten angiebt (in seiner kritischen Ausgabe) und in seinem Commentar sagt: „P. las hier καὶ Μαιῶτιν": die Worte H.s sind offenbar nicht abgeschrieben, sondern aus dem Gedächtnis wiederholt, und die Abweichungen lassen auf den Text, den P. benützt hat, keinen sicheren Schluss ziehen. —

Für die Wohnsitze eines Volkes gebraucht H. häufig das Wort ἤθεα, das in diesem Sinne in der klassischen Prosa sonst nicht gebräuchlich ist. P. gebraucht es sehr häufig, und zwar oft in den gleichen Wendungen.

I 15, 9 ἐξ ἠθέων ὑπὸ Σκυθέων τῶν νομάδων ἐξαναστάντες. V 14, 3 ἀναστῆσαι ἐξ ἠθέων. 15, 15 ἐξ ἠθέων ἐξαναστάντες. VII 75, 8.

V. II 10, 450, 2 ἐξ ἠθῶν τῶν πατρίων ἐξαναστάντες. Ebenso: G. II 15, 205, 7. III 33, 418, 12. 35, 429, 13. IV 27, 603, 19. — P. I 19, 102, 22 ἀναστῆναι ἐξ ἠθῶν τῶν σφετέρων. V. I 22, 399, 5 ἐξ ἠθῶν τῶν πατρίων ἀνίστασθαι.

I 157, 2 Ὁ μὲν δὴ ταῦτα .. ἐντειλάμενος ἀπήλαυνε ἐς ἤθεα τὰ Περσέων. IV 80, 1. VIII 100, 32.

P. II 19, 238, 18 αὐτίκα τε φυλακὴν ... καταστησάμενος ... ἐς τὰ Περσῶν ἤθη ἀπήλαυνε.

IV 76, 6 ἐκομίζετο ἐς ἤθεα τὰ Σκυθέων. II 93, 8 ἀναπλώουσι ὀπί-

P. II 9, 194, 16 ὅπως καὶ ταῦτα ἐς τὰ Περσῶν ἤθη κο-

σω ἐς ἤθεα τὰ ἑωυτῶν ἕκαστοι (von Fischen).

μίσωνται. G. IV 8, 497, 3 ἀπεκομίσθησαν ἐς τὰ πάτρια ἤθη. Vgl. auch: P. I 5, 27, 8. 8, 40, 15. 22, 112, 16. II 3, 159, 3. 7, 186, 3. 10, 198, 22. V. I 3, 324, 14. G. IV 15, 538, 2. 33, 628, 2. A. 2, 22, 19. 26, 142, 15.

Ein örtliches Verhältnis bezeichnen endlich auch die unbestimmten Ausdrücke:

I 199, 27 ἐνιαχῇ δὲ καὶ τῆς Κύπρου. II 18, 18 καὶ τοῦ Ἀραβίου ἐνιαχῇ.

IV 31, 4 τὰ κατύπερθε ταύτης τῆς χώρης. 7, 15. 8, 2.

VI 74, 6 ἢ μὲν ἕψεσθαί σφεας αὐτῷ τῇ ἂν ἐξηγέηται. IX 66, 11 παραγγείλας κατὰ τωὐτὸ ἰέναι πάντας τῇ ἂν αὐτὸς ἐξηγέηται.

G. IV 11, 507, 19 ἐνιαχῇ δὲ καὶ ὑπὲρ χώματος αὐτὰ ξυνέβαινε κεῖσθαι. ac. IV 5, 286, 4 αὐτοῦ ἐνιαχῇ. Ζ. 24 ἐνιαχῇ δὲ.

G. IV 3, 469, 3 Ταύτης δὲ τῆς χώρας καθύπερθεν.

G. II 7, 176, 17 καὶ αὐτοὺς μὲν Ἰωάννῃ ἕπεσθαι, ὅπη ἂν αὐτὸς ἐξηγεῖτο, ἐκέλευε. Ähnlich: 16, 210, 13 ᾗ Βελισάριος ἐξηγεῖτο. IV 20, 563, 9 αὐτὴ ἐξηγεῖτο.

4. Kapitel. Völker und Einzelpersonen.

Von den Orten kommen wir zu ihren Bewohnern, den Völkern und den einzelnen Menschen. In seinen ethnographischen Exkursen, die meist nur eine Fortsetzung der geographischen sind, schildert H. die Eigentümlichkeiten eines Volkes in Sitten und Gebräuchen, besonders merkwürdige Bauten, Denkmäler u. a. Sehenswürdigkeiten. Die Nachahmungen auf diesem Gebiete sind wohl am besten so zu ordnen, dass zuerst die allgemeinen Bemerkungen über Menge, Reichtum, Verkehr u. s. w., dann die Schilderungen einzelner Gebräuche angeführt werden, worauf dann die Ausdrücke folgen, die sich auf einzelne Persönlichkeiten beziehen.

Die zahlreichen Völkerschaften Indiens erwähnt P. wohl im Anschluss an H.

III 98, 8 ἔστι δὲ πολλὰ ἔθνεα Ἰνδῶν.

´ G. LV 17, 547, 2 ἐν χώρᾳ, ἥπερ Ἰνδῶν ἔθνη τὰ πολλά εἰσιν.

Die üppige Lebensführung, der Reichtum eines Volkes wird erwähnt mit den Worten:

IV 104, 1 Ἀγάθυρσοι δὲ ἁβρό- τατοι ἀνδρῶν εἰσι καὶ χρυσοφόροι τὰ μάλιστα. Vgl. Ι 82, 35 μηδὲ τὰς γυναῖκάς σφι χρυσοφορήσειν. Ι · 29, 3 ἀπικνέονται ἐς Σάρ- δεις ἀκμαζούσας πλούτῳ.

V II 6, 434, 12 ἐθνῶν γὰρ ἁπάντων ὧν ἴσμεν ἡμεῖς ἁβρόια- τον μὲν τὸ τῶν Βανδίλων. Z. 17 ἐχρυσοφόρουν δὲ ὡς ἐπὶ πλεῖστον. V. II 7, 441, 7 τὴν βασιλείαν τὴν αὐτοῦ πλούτῳ τε καὶ στρατιωτῶν δυ- νάμει ἀκμάζουσαν. Λ. 21, 120, 20 πλούτῳ ἀκμάζοντας. 28, 154, 5.

Vom Verkehr zwischen zwei Völkern handelt der Ausdruck:

Ι 68, 3 ἐούσης γὰρ τοῦτον τὸν χρόνον ἐπιμιξίης πρὸς τοὺς Τεγεήτας.

G. IV 5, 481, 11 ἐπιμιξίας τε Ῥωμαίοις παρ' αὐτῶν τινας (so ohne Zweifel nach dem L. für τινος zu schreiben) . . . οὐδεμιᾶς οὔσης. 16, 541, 15 καὶ ἦν γὰρ οὐδεμία ἐπιμιξία Ῥωμαίοις τε καὶ Λαζοῖς τότε.

Besondere Bevölkerungsklassen werden folgendermassen bezeichnet:

IX 93, 6 ἄνδρες οἱ πλούτῳ τε καὶ γένει δοκιμώτατοι. Vgl. VI 73, 7 τοὺς πλείστον ἀξίους καὶ πλού- τῳ καὶ γένει.

P. II 21, 247, 19 γένει τε καὶ πλούτῳ πάντων τῶν Ἐδεσσηνῶν διαφανέστατον.

Ι 93, 7 οἱ ἀγοραῖοι ἄνθρωποι καὶ οἱ χειρώνακτες. II 141, 18 τῶν μαχίμων μὲν οὐδένα ἀνδρῶν, κα- πήλους δὲ καὶ χειρώνακτας καὶ ἀγοραίους ἀνθρώπους.

Λ. 26, 145, 7 ταύτας βαναύ- σους τε καὶ χειρώνακτας καὶ ἀγο- ραίους. 25, 138, 13 καὶ βαναύ- σους καὶ ἀγοραίους ἀνθρώπους. 142, 13 βάναυσοι γὰρ ἄνθρωποι καὶ χειρωνάκται. Vgl. G. III 32, 411, 5 ἀγοραίους μὲν καὶ ἀγελαίους ἀνθρώπους τινάς.

Die Verachtung des gebildeten Griechen gegen die Barbaren ist beiden Schriftstellern gemeinsam, freilich bei H. ungleich berechtigter als bei P., aus dessen Werken wir sehen, dass diese verachteten Bar- baren die stärksten Stützen des sinkenden Römertums sind.

VIII 142, 24 ἐπισταμένοισι ὡς βαρβάροισι ἐστὶ οὔτε πιστὸν οὔτε ἀληθὲς οὐδέν.

V. I 2, 313, 14 (οὐ γὰρ οἶδε βαρβάροις ἐνδιαιτᾶσθαι ἡ ἐς Ῥω- μαίους πίστις). P. I 19, 103, 12 οὕτως ἄρα βαρβάρους ἅπαντας οὐδεμία μηχανὴ διασώσασθαι τὴν ἐς Ῥωμαίους πίστιν.

Auf Sitten und Gebräuche beziehen sich folgende Ausdrücke:

Allgemein:

IV 190, 7 νόμοισι μὲν τοιούτοισι οὗτοι χρέωνται.

G. II 14, 200. 11 τοιούτοις μὲν ἐχρῶντο Ἔρουλοι τὸ παλαιὸν νόμοις.

Totenbestattung:

I 140, 3 ὡς οὐ πρότερον θάπτεται ἀνδρὸς Πέρσεω ὁ νέκυς πρὶν ἂν ὑπ' ὄρνιθος ἢ κυνὸς ἑλκυσθῇ. — — — κατακηρώσαντες δὲ ὧν τὸν νέκυν Πέρσαι γῇ κρύπτουσι. Vgl. 10, ϑ, 13 ὑπὸ κυνῶν τε καὶ ὀρνίθων διαφορεύμενον.

P. I 11, 56, 6 ἀπειρημένον τοῖς Περσῶν νόμοις γῇ κρύπτειν ποτὲ τὰ τῶν νεκρῶν σώματα, u. 12, 57, 9 τά τε ἄλλα ποιεῖν ἢ Πέρσαι νομίζουσι καὶ τοὺς νεκροὺς τῇ γῇ ὡς ἥκιστα κρύπτειν, ἀλλ' ὄρνισί τε ῥίπτειν καὶ κυσὶν ἅπαντας.

Frauengemeinschaft:

I 216, 1 γυναῖκα μὲν γαμέει ἕκαστος, ταύτῃσι δὲ ἐπίκοινα χρέωνται. IV 104, 2 ἐπίκοινον δὲ τῶν γυναικῶν τὴν μῖξιν ποιεῦνται. 172, 9. 180, 22. ἐπίκοινα auch VI 77, 8.

P. I 5, 55, 2 νόμον ἔγραψεν ἐπὶ κοινὰ ταῖς γυναιξὶ μίγνυσθαι Πέρσας.

Illumination:

II 62, 2 τῆς θυσίης ἐν τῇ νυκτὶ λύχνα καίουσι πάντες πολλὰ ὑπαίθρια — — — καὶ τοῦτο καίεται παννύχιον.

V. I 20, 391, 19 λύχνα ἔκαιον πανδημεὶ καὶ ἡ πόλις κατελάμπετο τῷ πυρὶ τὴν νύκτα ὅλην ἐκείνην. 21, 398, 21 τά τε λύχνα ἔκαιον ἅπαντα.

Ackerbau.

II 14, 12 οὔτε ἀρότρῳ ἀναρρηγνύντες αὔλακας ἔχουσι πόνους.

G. II 20, 226, 18 ἐπεὶ γὰρ ἐν τοῖς αὔλαξιν οὐκ ἀρότροις οὐδὲ χερσὶν ἀνθρώπων ἐκέκρυπτο.

Auf die Tracht beziehen sich die Ausdrücke:

V 49, 17 ἀναξυρίδας δὲ ἔχοντες ἔρχονται ἐς τὰς μάχας. Vgl. I 71, 10. VII 61, 5. 64, 6.

G. III 14, 335, 14 ἀλλὰ μόνας τὰς ἀναξυρίδας ἐναρμοσάμενοι μέχρι ἐς τὰ αἰδοῖα. οὕτω δὴ ἐς ξυμβολὴν τοῖς ἐναντίοις καθίστανται.

VII 61, 3 περὶ δὲ τὸ σῶμα κι-
θῶνας χειριδωτοὺς ποικίλους (scil.
εἶχον).
  I 135, 2 καὶ γὰρ δὴ τὴν Μη-
δικὴν ἐσθῆτα ... φορέουσι. Vgl.
III 84, 5. V 9, 6. VI 112, 12.
VII 80, 3. 116, 3.

  IX 80, 9 ψέλιά τε καὶ στρεπ-
τούς. Vgl. VIII 113, 16.
  I 24, 22 ῥῖψαί μιν ἐς τὴν θά-
λασσαν ἑωυτὸν ὡς εἶχε σὺν τῇ
σκευῇ πάσῃ. Vgl. VII 15, 15.

A. 9, 59, 19 χιτωνίσκον χειρι-
δωτὸν ἀμπεχομένη.
  P. I 20, 106, 11 αὕτη δέ ἐστιν
ἡ μέταξα, ἐξ ἧς εἰώθασι τὴν ἐσ-
θῆτα ἐργάζεσθαι, ἣν πάλαι μὲν
Ἕλληνες Μηδικὴν ἐκάλουν, τανῦν
δὲ σηρικὴν ὀνομάζουσιν. Vgl. V.
II 6, 434, 18.
  G. III 1, 281, 12 ψέλιά τε καὶ
στρεπτούς. Vgl. IV 31, 619, 5.
  V. I 6, 339, 14 ἥλατο ξὺν
πάσῃ τῇ τῶν ὅπλων σκευῇ ἀπὸ
τῶν ἰκρίων εἰς θάλασσαν.

Sehenswürdigkeiten werden bezeichnet mit dem Ausdruck:
  I 14, 15 ἐόντα ἀξιοθέητον. 184,
7 ἐόντα ἀξιοθέητα. II 182, 5.

  G. I 12, 67, 14 ἀξιοθέατα ἐς
ἄγαν ὄντα. 14, 74, 12 καὶ ἔστιν
ἀξιοθέατος πάντων μάλιστα.

Wir gehen von den Völkern über zu einzelnen Persönlichkeiten
und erwähnen hier zuerst die eigentümliche Stellung des Pron. τίς zwi-
schen Artikel und Substantiv, die H. häufig anwendet, wenn er aus einer
grösseren Menge ein einzelnes Individuum herausgreift (vgl. Stein zu
I 51, 18).
  I 51, 18 τῶν τις Δελφῶν. 71,
5 τῶν τις Λυδῶν. VII 143, 2 τῶν
τις Ἀθηναίων. u. a.

  P. II 20, 240, 1 τῶν τις Σα-
ρακηνῶν. G. IV 14, 531, 14 τῶν
τις Λαζῶν. 533, 13 τῶν τις ἐλε-
φάντων. 17, 546, 17 τῶν τινες
μοναχῶν. ae. II 2, 215, 5. V 7,
324, 18. A. 1, 13, 1. 3, 25, 10.
7, 50, 20. 25, 139, 18. 29, 158,
8 u. a.

Wie aus den Thukydideischen Schilderungen des Lebens und Cha-
rakters hervorragender Persönlichkeiten, so hat P. auch von den bei H.
erwähnten Persönlichkeiten einzelne Züge mehr oder weniger wörtlich
entlehnt. So besonders von den persischen Königen. Aus dem Leben
des Kyrus ist entnommen:
  I 112, 2 ἥ δὲ ... δακρύσασα
καὶ λαβομένη τῶν γουνάτων τοῦ

  P. I 23, 115, 19 δακρύσασα δὲ
ἡ γυνὴ καὶ τῶν γονάτων τοῦ ἀν-

ἀνδρὸς ἐχρήιζε μηδεμιῇ τέχνῃ ἐκθεῖναί μιν (S. Καp. 7 d. A.). Vgl. IX 76, 11 λαβομένη τῶν γουνάτων ἔλεγε τάδε.

I 130, 10 Ἀστυάγεα δὲ Κῦρος κακὸν οὐδὲν ἄλλο ποιήσας εἶχε παρ' ἑωυτῷ, ἐς ὃ ἐτελεύτησε.

I 130, 13 Οὕτω δὴ Κῦρος γενόμενός τε καὶ τραφεὶς καὶ ἐβασίλευσε καὶ Κροῖσον ... κατεστρέψατο.

I 153, 13 μετὰ ταῦτα ἐπιτρέψας τὰς μὲν Σάρδις Ταβάλῳ ἀνδρὶ Πέρσῃ ... ἀπήλαυνε αὐτὸς ἐς Ἀγβάτανα, Κροῖσόν τε ἅμα ἀγόμενος κτλ. Vgl. V 25, 1.

I 156, 7 Κῦρος δὲ ἡσθεὶς τῇ ὑποθήκῃ. Ähnlich: VIII 103, 1.

δρὸς λαβομένη ἔχρῃζε τέχνῃ μηδεμιᾷ Καβάδην κτεῖναι. Vgl. P. II 12, 207, 6 τῶν γονάτων λαβόμενος. Ebenso: G. III 18, 351, 21. G. I 1, 7, 2 οὕτω τὴν τυραννίδα παραλαβὼν ἄλλο μὲν οὐδὲν τὸν βασιλέα κακὸν ἔδρασεν, ἐν ἰδιώτου δὲ λόγῳ βιοτεύειν τὸ λοιπὸν εἴασε. Λ. 9, 58, 17 ἔγημε δὲ γυναῖκα, ᾗ ὅντινα τρόπον γενομένη τε καὶ τραφεῖσα καὶ τῷδε τῷ ἀνθρώπῳ ἐς γάμον ξυναφθεῖσα πρόρριζον Ῥωμαίοις τὴν πολιτείαν ἐξέτριψεν, ἐγὼ δηλώσω. 63, 17 Οὕτω μὲν τετέχθαι τε τῇδε τῇ γυναικὶ καὶ τετράφθαι ξυνέβη. P. I 7, 38, 19 Ὀλίγῳ τε ὕστερον χιλίους ἐπὶ τῇ φυλακῇ ἐνταῦθα λιπών, ἄρχοντά τε αὐτοῖς ἐπιστήσας Γλώνην ἄνδρα Πέρσην .. αὐτὸς παντὶ τῷ ἄλλῳ στρατῷ καὶ τοὺς ἑαλωκότας ἔχων ἐπ' οἴκου ἀπήλαυνεν. G. I 1, 7, 16 Θευδέριχος δὲ ἡσθεὶς τῇ ὑποθήκῃ. P. I 18, 89, 19 Τούτου οὖν τότε τοῦ ἀνδρὸς τῇ ὑποθήκῃ ἡσθεὶς Καβάδης. G. II 18, 218, 18. 23. 242, 17. 26, 254, 11.

Aus dem Leben des Kambyses finden sich folgende Reminiscenzen:

III 14, 37 οὔτε ἀνέβωσας οὔτε ἀπέκλαυσας.

III 64, 6 ἀπέκλαιε Σμέρδιν. ἀποκλαύσας δὲ καὶ περιημεκτήσας τῇ ἁπάσῃ συμφορῇ ἀναθρώσκει ἐπὶ τὸν ἵππον.

V. II 9, 446, 17 οὔτε ἀπέκλαυσεν οὔτε ἀνώμωξεν. Λ. 17, 101, 24 οὔτε ἀνοιμῶξαι οὔτε ἀποκλαῦσαι τολμῶσα τὸ πάθος. V. II 4, 426, 19 τὸ ἐκείνου πάθος ἀπέκλαιεν. ἀποκλαύσας δὲ καὶ περιαλγήσας τῇ πάσῃ ξυμφορᾷ κτλ. P. I 13, 115, 17 περιαλγή-

III 66, 6 ἄπαιδα δὲ τὸ παράπαν ἐόντα ἔρσενος καὶ θήλεος γόνου. Vgl. I 109, 11 γέρων καὶ ἄπαις ἔρσενος γόνου. VII 61, 16 ἐτύγχανε γὰρ ἄπαις ἐὼν ὁ Κηφεὺς ἔρσενος γόνου. 205, 4 ἀποθανόντος δὲ Κλεομένεος ἄπαιδος ἔρσενος γόνου.

III 122, 18 ἐμοὶ γὰρ βασιλεὺς Καμβύσης ἐπιβουλεύει θάνατον. VIII 132, 6.

σας τε καὶ ἀποκλαύσας τὴν συμφορὰν. G. I 1, 12, 5 τὴν . . ἁμαρτάδα ἔκλαιεν. ἀποκλαύσας δὲ καὶ περιαλγήσας τῇ συμφορᾷ οὐ πολλῷ ὕστερον ἐτελεύτησεν. III 17, 346, 7. 19, 360, 5. ae. II 3, 217, 11. — V. II 3, 422, 17 ἐπί τε τὸν ἵππον ἀναθρώσκει. 24, 514, 22. G. IV 20, 563, 20.

V. I 5, 333, 18 ἄπαις τὸ παράπαν ἄρρενός τε καὶ θήλεος γόνου. 4, 327, 21 ἄπαις ἄρσενος γόνου. 8, 346, 7 οὖ γενομένῃ μήτηρ οὔτε ἄρσενος οὔτε θήλεος γόνου. G. IV 20, 561, 11 εἰμὶ δὲ ἄπαις ἄρσενός τε καὶ θήλεος γόνου. Λ. 29. 158, 18 ἄπαις τελευτῶν γόνου ἄρρενος. 159, 7 μήτηρ δὲ οὔτε θήλεος οὔτε ἄρσενος γενομένῃ γόνου. G. IV 16, 540, 22 ἐπεί οἱ Χοσρόην . . . ἐπιβουλεύειν θάνατον ᾔσθετο.

Auf den Pseudo-Smerdis bezieht sich folgende Wenduug:

III 63, 16 ἐπιβατεύων τοῦ Σμέρδιος οὐνόματος. Vgl. IX 95, 4 ἐπιβατεύων τοῦ Εὐηνίου οὐνόματος.

P. I 23, 118, 7 ἐπιβατεύων τοῦ Καβάδου ὀνόματος. II 15, 216, 3 τοῦ ἐπισκόπου ὀνόματος ἐπεβάτευε. V. I 11, 359, 1. G. II 30, 276, 13. III 13, 330, 21 ἐπιβατεύοντα τοῦ Χιλβουδίου ὀνόματος. A. 24, 136, 2.

Von Darius und seinen Genossen heisst es:

III 79, 5 ἔθεον ἔξω βοῇ τε καὶ πατάγῳ χρεώμενοι. Vgl. VII 211, 13 βοῇ τε καὶ πατάγῳ ἐπήισαν.

V. I 13, 367, 5 βοῇ τε καὶ πατάγῳ πολλῷ χρώμενοι καὶ τοῖς κοντοῖς διωθούμενοι (Thuc. II 84, 3). V. II 3, 421, 20 ξὺν βοῇ τε καὶ πατάγῳ πολλῷ.

Nach langer vergeblicher Belagerung Babylons wird Darius missmutig:

III 152, 2 *Δαρεῖός τε ἤσχαλλε καὶ ἡ στρατιὴ πᾶσα.* Vgl. IX 117, 2 *καὶ ἤσχαλλον οἱ Ἀθηναῖοι.*

V. I 14, 369, 19 *Βελισάριος δὲ ... ἀπορούμενός τε ἤσχαλλε.* 19, 389, 2 *ἤσχαλλον, ἀπορούμενοι.* II 20, 497, 14. 27, 523, 5. G. I 9, 46, 19. 12, 66, 22. 20, 99, 6. II 2, 152, 22. 29, 266, 13. III 14, 334, 1. 40, 456, 2. IV 13, 528, 4. ae. V 7, 325, 19.

Zopyrus hilft ihm durch seine Selbstverstümmelung aus der Verlegenheit:

III 154, 11 *ἑωυτὸν λωβᾶται λώβην ἀνήκεστον· ἀποταμὼν γὰρ ἑωυτοῦ τὴν ῥῖνα καὶ τὰ ὦτα κτλ.*

G. II 9, 184, 8 *καὶ αὐτὸν Βελισάριος τήν τε ῥῖνα καὶ τὰ ὦτα λωβησάμενος ... ὄνῳ ὀχούμενον ἔπεμψε.*

Einen verrenkten Fuss heilt ihm der griechische Arzt Demokedes; von diesem wird erzählt:

III 125, 14 (*Ὀροίτης*) *ἐν ἀνδραπόδων λόγῳ ποιεύμενος εἶχε.*

P. I 7, 38, 16 *τοὺς περιόντας ἐν ἀνδραπόδων ποιεῖσθαι λόγῳ.* G. II 10, 184, 16 *ἐν ἀνδραπόδων ποιούμενος λόγῳ.* 18, 217, 11. III 14, 333, 4. 38, 443, 15.

III 129, 15 *τὸν δὲ ὡς ἐξεῦρον ἐν τοῖσι Ὀροίτεω ἀνδραπόδοισι ὅκου δὴ ἀπημελημένον.*

V. I 4, 326, 4 *ἐν αὐτοῖς δὲ* (scil. *αἰχμαλώτοις*) *καὶ Μαρκιανὸς ὅπου δὴ ἀπημελημένως ἐκάθευδε.* G. IV 32, 626, 23. Ähnlich: ae. I 4, 189, 13. Auch V. I 21, 396, 23 u. II 13, 466, 1 ist wohl *ἀπημελημένος* für *ἀτημελημένος* zu schreiben.

III 132, 3 *ὁμοτράπεζος βασιλέι ἐγεγόνεε* Vgl. IX 16, 15.

P. II 28, 286, 7 *βασιλεῖ ὁμοτράπεζον γεγονότα.* G. IV 11, 507, 3 *ὁμοτράπεζος τῷ Ῥωμαίων βασιλεῖ γέγονεν.*

Auf Xerxes beziehen sich folgende Nachahmungen:

VII 215, 1 *Ξέρξης δὲ, ἐπεί οἱ ἤρεσε τὰ ὑπέσχετο Ἐπιάλτης κατεργάσασθαι, αὐτίκα περιχαρὴς γενόμενος ἔπεμπε Ὑδάρνεα κτλ.* Vgl.

V. I 14, 372, 10 *Βελισάριος δὲ, ἐπεί οἱ ὅ τε οἰκέτης ἐς ὄψιν ἦλθε ... περιχαρὴς γενόμενος ... ἐκέλευε.* P. II 29, 288, 3 *Ταῦτα*

III 35, 12 γελάσαντα καὶ περιχαρέα γενόμενον. VII 37, 5 περιχαρὴς ἐών. IX 49, 4 περιχαρὴς γενόμενος.

ἐπεὶ βασιλεὺς 'Ιουστινιανὸς ἤκουσε, περιχαρὴς γενόμενος ... ἔπεμψε. Vgl. V. I 20, 393, 6. II 7, 439, 21. G. I 3, 21, 7. II 10, 186, 3. IV 8, 491, 16. 33, 627, 16. A. 3. 28, 1.

VII 135, 12 δόντος βασιλέος. Vgl. IX 107, 18. 116, 9.

G. I 1, 7, 8 δόντος βασιλέως. 12, 63, 7. III 38, 418, 21. 39, 447,16. IV 5, 477, 21. 27, 603,21.

VIII 102, 23 οὐδέ τι νικῶντες οἱ Ἕλληνες νικῶσι, δοῦλον σὸν ἀπολέσαντες.
VIII 54, 7 εἴτε καὶ ἐνθύμιόν οἱ ἐγένετο ἐμπρήσαντι τὸ ἱρόν.

P. II 21, 245, 14 ὅτι νικήσας μὲν αὐτὸς τὸν Καίσαρος νικήσει δοῦλον.
V. I 4, 329, 8 ἐνθύμιόν οἱ ἐγένετο, ὥς. 11, 361, 18. II 13, 467, 12.

Auch von anderen fürstlichen Persönlichkeiten werden einzelne Züge entlehnt. So sagt Gyges zu Kandaules:

I 8, 13 τίνα λέγεις λόγον οὐκ ὑγιέα; Vgl. VI 100, 7 οὐδὲν ὑγιὲς βούλευμα.

V. I 24, 405, 15 οὐχ ὑγιᾶ τὸν λόγον εἶναι ὑποτοπήσαντες. P. II 22,. 249, 12. V. I 4, 329, 16. G. I 18, 92, 12. III 31, 406, 6. IV 5, 476, 20. 6, 482, 7. 17. 547, 16. 23, 626, 10. A. 9, 65, 6.

Von demselben heisst es:

I 9, 2 ἀρρωδέων μή τί οἱ ἐξ αὐτῶν γένηται κακόν. Vgl. VI 9, 8 κινδυνεύσωσι κακόν τι λαβεῖν.

A. 2, 20, 13 δεδιέναι δὲ μή τι λάβοι ἐνθένδε κακόν.

Zu Krösus sagt sein Sohn:

I 39, 1 συγγνώμη μὲν ὦ πάτερ τοι.

G. II 3, 156, 15 καὶ συγγνώμη μὲν εἰ πρὸς Βελισάριον θρασννόμεθα.

Von ihm selbst wird gesagt:

I 86, 24 ὡς δέ σφι ἄσημα ἔφραζε.

P. II 22, 255, 18 μόλις τε καὶ ἄσημα φθεγγομένοις.

Von dem ägyptischen König Amasis wird berichtet:

II 174, 1 λέγεται δὲ ὁ Ἄμασις, ... ὡς φιλοπότης ἦν καὶ φιλο-

V. II 4, 425, 23 ἦν δὲ οὗτος ἀνὴρ θυμοειδὴς μὲν ... οὐ λίαν

σκώμμων καὶ οὐδαμῶς κατεσπου-
δασμένος ἀνήρ.

Von einem seiner Söldner wird
III 4, 2 ἦν τῶν ἐπικούρων
Ἀμάσιος ἀνὴρ γένος μὲν Ἁλικαρ-
νησσεύς, οὔνομα δέ οἱ (ἦν) Φά-
νης, καὶ γνώμην ἱκανὸς καὶ τὰ
πολεμικὰ ἄλκιμος. οὗτος ὁ Φάνης
κτλ. Vgl. V 111, 3 ἦν γὰρ οἱ ὑπα-
σπιστὴς γένος μὲν Κὰρ τὰ δὲ πο-
λέμια κάρτα δόκιμος. VII 143, 1.
238, 9 ἄνδρας ἀγαθοὺς τὰ πο-
λέμια.

Von Periander heisst es:
III 50, 18 περιθύμως ἔχων.
In seiner kritischen Ausgabe hat
Stein: πέρι θυμῷ ἐχόμενος. So
scheint auch P. gelesen zu haben.

Von Priamus:
II 120, 16 μέλλοντά γε δὴ τῶν
παρεόντων κακῶν ἀπαλλαγήσεσθαι.

δὲ κατεσπουδασμένος, ἀλλ' οἴνῳ τε
καὶ γελοίοις ὡς τὰ πολλὰ χαίρων.
4, 427, 20. P. II 8, 186, 20. G.
III 27, 392, 3 ἦν γὰρ οὗτος ἀνὴρ
οὐ κατεσπουδασμένος, ἀλλὰ μέθης
νόσῳ ἀνειμένος. 32, 410, 12.

gesagt:
G. III 36, 434, 15 Ἦν δέ τις
ἐν τῷ Ῥωμαίων στρατῷ Παῦλος
μὲν ὄνομα, Κίλιξ δὲ γένος ... οὗ-
τος ὁ Παῦλος κτλ. III 26, 390,
17. 35, 431, 2. IV 8, 494, 5. 11,
516, 5. 15, 537, 18. — P. I 18, 89,
21 αὐτοῖς ἄνδρα Πέρσην ἐπέστησε
διαφερόντως ἀγαθὸν τὰ πολέμια.
20, 106. 17. — G. IV 26, 598,
19 ἄνδρας ἀγαθοὺς τὰ πολέμια.
599, 8.

P. I 8, 38, 11 θυμῷ ἔτι ἐχό-
μενος. 23, 118, 21 θυμῷ τοίνυν
ὁ Χοσρόης ἐχόμενος. II 17, 226,
12. 27, 279, 4. V. I 23, 401, 3. G.
I 7, 33, 14. 26, 123, 8. II 8,
180, 6.

G. II 21, 234, 3 εὐκλεῶς μά-
λιστα τῶν παρόντων ἀπηλλάχθαι
κακῶν. IV 16, 545, 17. Λ. 15,
95, 14.

Von Polykrates, dem bekannten Tyrannen von Samos, wird erzählt:

III 120, 4 οὔτε γάρ τι παθὼν
οὔτε ἀκούσας μάταιον ἔπος πρὸς
Πολυκράτεος τοῦ Σαμίου.
III 125, 6 ὁ Πολυκράτης δι-
εφθάρη κακῶς, οὔτε ἑωυτοῦ ἀξίως
οὔτε τῶν ἑωυτοῦ φρονημάτων. Vgl.

G. III 11, 320, 20 κακὸν οὐ-
δὲν οὔτε παθόντες οὔτε ἀκούσαντες.
P. II 3, 162, 5 οὕτω τε ὁ Σί-
τας ἐξ ἀνθρώπων ἠφάνιστο οὐδενὶ
λόγῳ, ἀναξίως τῆς τε ἀρετῆς καὶ

VII 10, ε, 7 δι' ὧν ἐφθάρησαν ἀναξίως ἑωυτῶν.

τῶν ἐς τοὺς πολεμίους ἀεὶ πεπραγμένων. V. I 4, 331, 18 Οὐαλεντινιανῷ ὑπ' ἀνδρὸς ἀνοσίου διαφθαρέντι, αὐτοῦ τε ἀναξίως καὶ τῆς βασιλείας. G. IV 32, 625, 17.

Anderweitige auf Personen bezügliche Entlehnungen sind:

Von den Argonauten sagt H.

I 2, 10 διαπρηξαμένους καὶ τἄλλα τῶν εἵνεκεν ἀπίκατο, ἁρπάσαι τοῦ βασιλέος τὴν θυγατέρα Μηδείην.

G. III 12, 326, 4 οὐδὲν μὲν διεπράξατο, ὧν ἕνεκα ἦλθεν, ἔγημε δὲ τοῦ Γερμανοῦ βασιλέως ἀνεψιοῦ παῖδα. 16, 345, 7. IV 24, 590, 13.

Von Artembares:

I 114, 11 ἐὼν Ἀρτεμβάρεος παῖς ἀνδρὸς δοκίμου ἐν Μήδοισι. Vgl. 65, 10 τῶν Σπαρτιητέων δοκίμου ἀνδρὸς. 158, 7. III 135, 3. VII 118, 7 u. a.

P. I 11, 54, 10 ἔν τε πατρικίοις ἀνὴρ δόκιμος. G. II 6, 168, 3 ἄνδρα ἐν Γότθοις δόκιμον. 20, 226, 13. III 8, 309, 17. 10, 318, 24 u. a.

Von skythischen Sehern:

IV 68, 3 ἄνδρας τρεῖς τοὺς εὐδοκιμέοντας μάλιστα.

P. I 25, 131, 21 Βελισάριος δὲ πάντων εὐδοκιμῶν μάλιστα ἔτυχεν.

Von den Thrakern:

V 3, 4 ἀλλὰ γὰρ τοῦτο ἄπορόν σφι καὶ ἀμήχανον μήκοτε ἐγγένηται.

ae. 1 1, 177, 20 εἰδέναι τε ἄπορον καὶ λόγῳ φράσαι ἀμήχανον. V. 6, 323, 14 τῷ δὲ θεῷ τῶν πάντων οὐδὲν οὔτ' ἂν ἄπορον οὔτ' ἀμήχανον γένοιτο. A. 25, 141, 9 ταῦτα ἀνθρώποις ἀμήχανά τε καὶ ἄπορα ἐδόκει παντάπασιν εἶναι.

Von Histiäus:

VI 30, 1 εἰ μέν νυν, ὡς ἐζωγρήθη, ἄχθη ἀγόμενος παρὰ βασιλέα Δαρεῖον, ὁ δὲ οὔτ' ἂν ἔπαθε κακὸν οὐδὲν δοκέειν ἐμοί, ἀπῆκε δ' ἂν αὐτῷ τὴν αἰτίην· νῦν δὲ κτλ. Vgl. III 25, 17. 49, 1.

P. I 25, 134, 21 καὶ εἰ μὲν εὐθὺς ἐλθεῖν παρὰ τὸν βασιλέα ἐθάρσησεν, οἶμαι ἂν, οὐδὲν ἐπεπόνθει πρὸς αὐτοῦ ἄχαρι· νῦν δὲ κτλ. II 29, 292, 18.

Von den Skythen sagt H., was P. von den Massageten erwähnt:

VI 84, 3 Σκύθῃσι δὲ ὁμιλή-

V. I 12, 364, 2 Μασσαγέται

3

σαντά μιν ἀκρητοπότην γενέσθαι. | δύο τῶν τινα ἑταίρων ἐν τῇ ἀκρα-
Z. 13 μαθεῖν τὴν ἀκρητοποσίην | τοποσίᾳ ἐρεσχελοῦντα σφᾶς, ἅτε
παρ' αὐτῶν. Vgl. V 18, 35 οἷα | οἰνωμένῳ, ἀνειλέτην. πάντων γὰρ
πλεόνως οἰνωμένοι. | ἀνθρώπων μάλιστά εἰσιν ἀκρατο-
πόται οἱ Μασσαγέται.

Von den Spartanern:
VI 85, 11 εἰ νῦν ὀργῇ χρεώμε- | V. II 13, 468, 16 Βανδίλοι γὰρ
νοι ἔγνωσαν οὕτω οἱ Σπαρτιῆται. | ἐς τούτους τοὺς βαρβάρους ὀργῇ
χρώμενοι.

Von den Korinthern:
VI 89. 6 Οἱ δὲ Κορίνθιοι, ἦσαν | V. I 8. 346, 16 ἐγένετο δὲ φί-
γάρ σφι τοῦτον τὸν χρόνον φίλοι | λος καὶ Ἀναστασίῳ βασιλεῖ ἐς τὰ
ἐς τὰ μάλιστα. | μάλιστα. 9. 350, 4 φίλος ἐς τὰ μά-
λιστα . . . καὶ ξένος. G. I 8, 41,
23. III 16, 340, 16. IV 15, 537,
19. 18, 553, 19. A. 29, 156, 16.

Von Hippias, der die persischen Truppen nach Marathon führt:

VI 107, 10 καταγομένας ἐς τὸν | V. 1 13, 367, 13 τὰς μὲν ναῦς
Μαραθῶνα τὰς νέας ὥρμιζε οὗτος, | Βελισάριος ἐνταῦθα ὥρμισε, τὸ δὲ
ἐκβάντας τε ἐς γῆν τοὺς βαρβά- | στράτευμα ἀπεβίβασεν ἅπαν, καὶ
ρους διέτασσε. καὶ οἱ ταῦτα διέ- | ἀποβάντας τούς τε ἄρχοντας διεκόσ-
ποντι ἐπῆλθε πταρεῖν κτλ. | μει καὶ τοὺς στρατιώτας διέτασσε.
ταῦτα δὲ αὐτοῦ διέποντος . . .
ἐπῆλθε πολλοῖς τῶν στρατιωτῶν
νόσῳ διαφθαρῆναι κτλ.

Von den Athenern:
VII 139, 21 νῦν δὲ Ἀθηναίους | P. II 3, 164, 3 ἅς δὴ κοινόν
ἄν τις λέγων σωτῆρας γενέσθαι | τινα ὄλεθρον καλῶν τις, οἰόμεθα,
τῆς Ἑλλάδος οὐκ ἂν ἁμαρτάνοι | οὐκ ἂν ἁμάρτοι. V. 1 3, 322, 10
τὸ ἀληθές. Vgl. IV 9, 20 τάδε | εἴ τις αὐτοῖν ἑκάτερον ἄνδρα Ῥω-
ποιεῦσα οὐκ ἂν ἁμαρτάνοις. | μαίων ὕστατον εἴποι, οὐκ ἂν
ἁμάρτοι.

Von Artabazos:
IX 66, 4 πολλὰ ἀπαγορεύων | P. II 29, 291, 14 Πέτραν πό-
οὐδὲν ἤνυε. | λιορκῶν . . . οὐδὲν ἤνυε. 292, 14.
G. II 11, 190, 40. 23, 241, 19.
IV 18, 550, 20. A. 16, 97, 14.

Zum Schluss seien einige Wendungen verzeichnet, die sich nicht auf einzelne, bestimmte Persönlichkeiten beziehen:

I 119, 20 παρέφερον τοῖσι προσέκειτο. VII 34, 2. — 36, 2 τοῖσι προσέκειτο αὕτη ἡ ἄχαρις τιμή. 39, 16 τοῖσι προσετέτακτο ταῦτα πρήσσειν. 238, 10 τοῖσι ἐπετέτακτο ποιέειν.

V. I 13, 368, 18 οἷς προέκειτο (vielleicht προσέκειτο zu lesen?) ἡ τιμὴ αὕτη. G. I 19, 97, 17, οἷς τὸ ἔργον τοῦτο ἐπέκειτο. — P. I 9, 98, 4 οἷς ἐπίκειται ἡ τιμὴ αὕτη. Ebenso: II 21, 243, 14. ae. V 1, 311, 21. A. 25, 139, 1. 26, 145, 24. 30, 161, 22.

Häufig ist die Verbindung ἄχαρι in verschiedenen Wendungen.

I 108, 20 οὔτε ἄλλοτέ κω παρεῖδες ἀνδρὶ τῷδε ἄχαρι οὐδέν. II 141, 14 ὡς οὐδὲν πείσεται ἄχαρι. VI 9, 17 ὡς πείσονταί τε ἄχαρι οὐδέν. VII 50, 25 οὔτε ἄλλο ἄχαρι οὐδὲν παθόντες. 52, 8 δικαιοσύνην καὶ πιστότητα ἐνέδειξαν, ἄχαρι δὲ οὐδέν. 138, 5 ὡς οὐδὲν πεισόμενοι ἄχαρι. VIII 143, 15 οὐ γὰρ σὲ βουλόμεθα οὐδὲν ἄχαρι πρὸς Ἀθηναίων παθεῖν.

P. I 2, 15, 1 ἔδρασε δὲ οὐδὲν ἄχαρι. 25, 129, 22 ἄλλο οὐδὲν ἄχαρι πρὸς οὐδενὸς παθών. 134, 22 οὐδὲν ἐπεπόνθει πρὸς αὐτοῦ ἄχαρι. V. I 3, 324, 9 Ἀέτιον μὲν οὐδὲν εἰργάσατο ἄχαρι. 24. 404, 15 ἔπαθον μέντοι πρὸς Βελισαρίου οὐδὲν ἄχαρι. II 26, 522, 11 οὐδὲν γὰρ ἄχαρι πρὸς αὐτοῦ πείσεσθαι. G. I 4, 22, 4. 8, 42. 13. 10, 55, 13. II 8, 181, 2. 17, 214, 12. 21, 232, 18. III 13, 327, 12. 20, 365, 12. 32. 408, 14. 416, 9. IV 17, 548, 15. 20, 565, 5.

Auch folgende Wendung kehrt öfters wieder:

I 66, 14 ταῦτα ὡς ἀπενειχθέντα ἤκουσαν οἱ Λακεδαιμόνιοι. Ebenso: 158, 5. 160, 1. — IV 120, 1 ταῦτα ὡς ἀπενειχθέντα ἐπύθοντο οἱ Σκύθαι. V 89, 16. VII 169, 11.

G. I 3, 19, 14 ταῦτα ὡς ἀπενεχθέντα ἡ γυνὴ τὰ γράμματα ἀνελέξατο. P. I 11, 51, 21 Ταῦτα ἐπεὶ ἀπενεχθέντα Ἰουστῖνος βασιλεὺς εἶδεν. II 24, 261, 8. G. II 21, 232, 2. 24, 245, 11. IV 28, 607, 12.

5. Kapitel. Krieg.

Der eigentliche Gegenstand der Darstellung ist bei beiden Geschichtschreibern der Krieg zwischen Griechen und Barbaren. Die hierauf bezüglichen Nachahmungen führen wir in der Weise an, dass wir dem Verlaufe

3*

des Krieges folgen, indem wir zuerst die dem feindlichen Zusammentreffen
vorausgehenden Vorgänge, dann die Schlacht selbst, zuletzt die derselben
folgenden Ereignisse in Betracht ziehen.

Ein unangesagter Krieg heisst:
V 81, 7 πόλεμον ἀκήρυκτον Ἀθηναίοισι
ἐπέφερον.

P. I 5, 26, 11 Πόλεμός ποτε Πέρ-
σαις τε καὶ Ἀρμενίοις ἀκήρυκτος γέγονε.

Offener Abfall:
V 37, 6 οὕτω δὴ ἐκ τοῦ ἐμφανέος ὁ
Ἀρισταγόρης ἀπεστήκεε.

P. II 29, 287, 15 ἐκ δὲ τοῦ ἐμφανοῦς
ἐς ἀπόστασιν εἶδεν. V. II 27, 526, 1 ἀπέ-
στη τε αὐτοῦ ἐκ τοῦ ἐμφανοῦς.

Es gilt einen Entscheidungskampf:
VI 11, 5 ἐπὶ ξυροῦ γὰρ ἀκμῆς ἔχεται
ἡμῖν τὰ πράγματα, . . . ἢ εἶναι ἐλευθέροισι
ἢ δούλοισι. Nach Il. K 173.

P. I 24, 124, 22 ἐπὶ ξυροῦ μὲν ἀκ-
μῆς τὰ πράγματα ἡμῖν στήσεται. G. II
12, 194, 3 οἷς τὰ πράγματα ἐπὶ ξυροῦ
ἀκμῆς, ὥσπερ ἡμῖν ταντῖ, ἵστανται.

Bundesgenossen:
I 18, 15 καὶ γὰρ δὴ πρότερον οἱ Μι-
λήσιοι τοῖσι Χίοσι τὸν πρὸς Ἐρυθραίους
πόλεμον συνδιήνεικαν. V 79, 10 καὶ οὗτοί
γε ἅμα ἡμῖν ἀεὶ μαχόμενοι προθύμως
συνδιαφέρουσι τὸν πόλεμον. 99, 5.

V. Il 1, 413, 16 ἢ μὴν πάσῃ προθυ-
μίᾳ ξυνδιενεγκεῖν σφίσι τὸν πόλεμον. G. I
5, 27, 13 ἡμᾶς δὲ εἰκὸς ξυνδιαφέρειν
ἡμῖν πόλεμον τόνδε. IV 18, 552, 4 πόλε-
μον τὸν πρὸς Λαγγοβάρδας ξυνδιενεγκεῖν
σφίσιν. 24, 588, 9.

Unsichere Freunde:
VII 163, 11 καραδοκήσαντα τὴν μά-
χην τῇ πεσέεται. 168, 13 καραδοκέοντες
καὶ οὗτοι τὸν πόλεμον τῇ πεσέεται. VIII
67, 2 (Πάριοι δὲ ὑπολειφθέντες ἐν Κύθνῳ
ἐκαραδόκεον τὸν πόλεμον κῇ ἀποβήσε-
ται).

P. I 24, 126, 18 ἀλλὰ τὸ μέλλον ἐκα-
ραδόκουν ὅπη ἐκβήσεται. V. I 25, 407, 7
ἀλλ᾽ ἐκποδὼν ἀμφοτέροις στάντες (Thuc. I
40, 4) ἐκαραδόκουν ὅπη ποτὲ ἡ τοῦ πο-
λέμου τύχη ἐκβήσεται. V. II 8, 443, 17
τὸ μέλλον ὅπη ἐκβήσεται ἐκαραδόκουν.
G. I 12, 65, 18 καραδοκῶν τὰ ἐσόμενα.

Streitkräfte:
VII 186, 5 τούτοις τῶν μαχίμων ἀν-
δρῶν (scil. τῶν Περσῶν) οἳ δοκέω εἶναι
ἐλάσσονας ἀλλὰ πλεῖνας.

G. IV 16, 542, 7 μυριάδας τε πλέον
ἑπτὰ ἐπαγόμενον Περσῶν μαχίμων ἀν-
δρῶν. 20, 563, 7 στράτευμα . . . οὐχ
ἧσσον ἢ μυριάδων δέκα μαχίμων ἀνδρῶν.

VIII 113, 7 ἐνθαῦτα Μαρδόνιος ἐξελέ-
γετο πρώτους μὲν τοὺς Πέρσας πάντας
τοὺς ἀθανάτους καλεομένους. Vgl. VII
83, 3.
I 211, 5 Κύρον τε καὶ Περσέων τοῦ
καθαροῦ στρατοῦ ἀπελάσαντος. IV 135,
10 σὺν τῷ καθαρῷ τοῦ στρατοῦ.
VII 96, 2 ἄριστα πλεοῦσας παρείχοντο
νέας. 179, 3 νηυσὶ τῇσι ἄριστα πλεούσῃσι.
VIII 22, 1. 42, 9. 46, 3.

P. I 14, 72, 12 Μιρράνης ἄλλους τε
πολλοὺς καὶ τοὺς ἀθανάτους λεγομένους
ἅπαντας ἐς μέρος τὸ ἀριστερὸν λάθρα
ἔπεμψεν. 70, 12.
P. I 24, 121, 4 τῶν δὲ πολιτῶν εἴ τι
καθαρὸν ἦν. II 3, 166, 14. G. I 13, 71,
17. II 29, 268, 13. A. 2, 24, 3.
V. I 11 361, 11 ἀπολέξας . . . ναῦς εἴ-
κοσι καὶ ἑκατὸν τὰς ἄριστα πλεούσας. Vgl.
6, 338, 2 ναῦς . . . ὡς τάχιστα πλεούσας.
G. III 6, 304, 13 δρόμωνας μὲν πολλοὺς
ἄριστα πλέοντας.

Vor der Entscheidungsschlacht sinnt das Heer auf Flucht:
VIII 4, 5 καταρρωδήσαντες δρησμὸν
ἐβουλεύοντο. Ebenso: VIII 75, 14. — V
124, 4 δρησμὸν ἐβούλευε. Ebenso: VIII
18, 6. 97, 5. 100, 5.

V. II 26, 520, 4 δρασμόν τε ξὺν Ἀθα-
νασίῳ βουλεύεται.

Im Kriegsrat gehen die Meinungen auseinander:

VI 109, 1 Τοῖσι δὲ Ἀθηναίων στρατηγοῖσιν ἐγίνοντο δίχα αἱ γνῶμαι, τῶν μέν ... τῶν δὲ κτλ. VII 219, 8 καὶ σφεων ἐσχίζοντο αἱ γνῶμαι, οἳ μὲν γὰρ ... οἳ δὲ κτλ.

V. I 19, 389, 7 τῶν δὲ ἀρχόντων αἱ γνῶμαι δίχα ἐφέροντο, οἱ μὲν γὰρ ... οἱ δὲ κτλ. (G. II 22, 236, 16 γνῶμαι οὖν πολλαὶ ἐλέγοντο, αἱ μὲν ... αἱ δὲ κτλ. 38, 441, 6 δίχα ἐγένοντο.

Die Entscheidung:

VI 109, 4 ὡς δὲ δίχα τε ἐγίνοντο καὶ ἐνίκα ἡ χείρων τῶν γνωμέων. 101, 8. VIII 9, 2.

G. IV 8, 491, 5 ἐπειδή τε ἡ γνώμη ἐνίκα τῶν ἐπὶ τοὺς πολεμίους παρακαλούντων.

Wir kommen zur Schlacht, deren Fortgang wir folgen:

Die Aufstellung:

VII 218, 11 διέτασσε τοὺς Πέρσας ὡς ἐς μάχην. Vgl. Thuc. II 20.

V. II 12, 458, 18 διεῖπέ τε ὡς ἐς μάχην καὶ διεκόσμει τὸ στράτευμα. G. II 2, 150, 8.

VI 8, 3 ἐτάσσοντο δὲ ὧδε. 111, 2. IX 28, 1. 31, 4.

G. IV 8, 493, 1 καὶ ἐτάξαντο ὧδε. 31, 618, 2.

Keines von beiden Heeren will die Schlacht anfangen:

IX 40, 2 οὐδέτεροι βουλόμενοι μάχης ἄρξαι.

G. IV 31, 619, 7 χρόνον δέ τινα μάχης οὐδέτεροι ἦρχον.

Das Zeichen zur Schlacht wird gegeben:

I 21, 10 ἐπεὰν αὐτὸς σημήνῃ. Vgl. Thuc. II 84 πρὶν ἂν αὐτὸς σημήνῃ.

P. I 13, 61, 11 ἕως αὐτὸς σημήνῃ. 14, 70, 13. II 5, 174, 9 ὅταν αὐτὸς σημήνῃ. 18, 231, 3. G. I 28, 132, 12. II 23, 243, 8.

Der Angriff erfolgt:

VI 112, 2 δρόμῳ ἵεντο ἐς τοὺς βαρβάρους.

G. IV 17, 548, 21 ἔπειτα ἐπὶ Ἀβασγοὺς σπουδῇ ἵεντο. 28, 608, 10. 29, 612, 10. 35, 639, 23.

Abwehr des Angriffs:

VIII 51, 9 ἠμύνοντο τοὺς ἐπιόντας.

G. III 3, 292, 20 καρτερώτατα τοὺς ἐπιόντας ἠμύνοντο. 38, 443, 7.

Kampf mit Schusswaffen:

IX 49, 6 ἐσίνοντο πᾶσαν τὴν στρατιὴν τὴν Ἑλληνικὴν ἐσακοντίζοντές τε καὶ τοξεύοντες.

G. II 25, 249, 8 τούς τε πελέκυς ἐσακοντίζοντες σιγχνοὺς ἤδη ἐσίνοντο. Vgl. I 29, 137, 18 τὰ δοράτια ἐσακοντίζοντες τοὺς Γότθους ἔλιπον.

Nahkampf:

VII 225, 3 Περσέων τε καὶ Λακεδαιμονίων ὠθισμὸς ἐγένετο πολλός. Vgl. VIII 78, 1 ἐγίνετο ὠθισμὸς λόγων πολλός.
III 118, 12 σπασάμενος τὸν ἀκινάκεα. 128, 23 σπασάμενοι τοὺς ἀκινάκας. IX 107, 10. — Diese Bezeichnung einer specifisch persischen Waffe (vgl. VII 54, 11) gebraucht P. gleichbedeutend mit ξίφος.
I 76, 16 μάχης δὲ καρτερῆς γενομένης.
III 11, 14 μάχης δὲ γενομένης καρτερῆς. VI 101, 9 προσβολῆς δὲ γενομένης καρτε-

G. III 5, 299, 29 ὠθισμός τε πολὺς γέγονε. 22, 370, 14 ὠθισμὸς μὲν ἀμφοτέρων πολὺς ἐγεγόνει.
P. I 7, 38, 3 τὸν ἀκινάκην σπασάμενος. Ebenso: II 11, 200, 6. — V. II 28, 530, 13 σπάσασθαι βουλομένῳ τὸν ἀκινάκην (Ζ. 14 τοῦ ξίφους). G. IV 29, 613, 9 τοὺς μὲν γὰρ ἀκινάκας σπασάμενοι (Ζ. 14 τά τε ξίφη ἀνελόμενοι).
P. I 13, 60, 20 μάχης δὲ καρτερᾶς γενομένης. II 27, 277, 2 καὶ μάχης καρτερᾶς γενομένης. Ebenso: V. 4, 325, 13.

— 38 —

ρῆς πρὸς τὸ τεῖχος. Vgl. II 63, 15 ἐν-
ϑαῦτα μάχη ξύλοισι καρτερὴ γίγνεται.

Kriegslist:

III 4, 12 σοφίῃ γάρ μιν περιῆλθε ὁ
Φάρης. Vgl. I 60, 15.

Schleunige Hilfe:

VII 178, 1 Οἱ μὲν δὴ Ἕλληνες κατὰ
τάχος ἐβοήθεον. 206, 6 κατὰ τάχος βο-
ηθέειν πανδημεί. Vgl. Thuc. III 106 ἐβο-
ήθουν κατὰ τάχος.

Heldentod:

VI 114, 1 ἐν τούτῳ τῷ πόνῳ ὁ πολέμ-
αρχος Καλλίμαχος διαφθείρεται, ἀνὴρ
γενόμενος ἀγαθός, ἀπὸ δ᾽ ἔθανε κτλ. VII
224, 4 καὶ Λεωνίδης τε ἐν τούτῳ τῷ πό-
νῳ πίπτει ἀνὴρ γενόμενος ἄριστος. VIII
89, 1 Ἐν δὲ τῷ πόνῳ τούτῳ ἀπὸ μὲν
ἔθανε ὁ στρατηγὸς Ἀριαβίγνης. Vgl. V 2,
2 ἀνδρῶν ἀγαθῶν περὶ τῆς ἐλευθερίης
γινομένων. VI 14, 5 οἵτινες τῶν Ἰώνων
ἐγίνοντο ἄνδρες κακοὶ ἢ ἀγαθοὶ ἐν τῇ
ναυμαχίῃ ταύτῃ. 117, 6 ἄνδρα γινόμενον
ἀγαθόν. VII 190, 1 Ἐν τούτῳ τῷ πόνῳ
κτλ. VII 181, 4 ἐς τοῦτο ἀντεῖχε μαχό-
μενος ἐς ὃ κατεκρεουργήθη ἅπας.

Sieg:

VII 233, 3 ὡς δὲ εἶδον κατυπέρτερα
τῶν Περσέων γινόμενα τὰ πρήγματα.
V 113, 8.

— II 3, 421, 22 γίνεται μὲν καρτερὰ
ἡ μάχη. 17, 489, 14. — G. I 7, 33, 11
καρτεραῖς δὲ γενομένης τῆς προσβολῆς. Z.
16. 12, 66, 2. II 12, 195, 11. III 1, 285,
13. 14, 331, 20. 23, 375, 22. 34, 426,
16. IV 17, 549, 9. 25, 594, 10.

P. I 3, 19, 2 σοφίᾳ περιελθεῖν τὸν
πολέμιον. II 3, 165, 11 ἀπάτῃ τε περι-
ελθεῖν. Ebenso: V. II 25, 518, 6. G.III
14, 332, 18.

P. I 7, 37, 21 κατὰ τάχος ἐβοήθουν.
18, 90, 6 βοηθεῖν κατὰ τάχος. G. I 9,
45, 7. 22, 107, 21. 23, 111, 12. II 24,
246, 17. 28, 265, 9 u. 15. III 5, 298,
18. 6, 303, 5. 7, 305, 6.

P. I 5, 29, 15 ἀνὴρ τε ἀγαθὸς ἐν τῷ
πόνῳ τούτῳ ... γέγονε. 18, 95, 21 ἄνδρες
ἀγαθοὶ γενόμενοι ἐν τῷ πόνῳ τούτῳ ἀπέ-
θανον. II 25, 265, 21 ἐτελεύτησεν, ἀνὴρ
ἀγαθὸς ἐν τῷ πόνῳ τούτῳ γενόμενος. V.
I 6, 339, 8 εἰσὶ δὲ οἳ καὶ ἄνδρες ἀγαθοὶ
Ῥωμαίων ἐν τῷ πόνῳ τούτῳ ἐγένοντο.
G. I 29, 137, 11 ἐν τούτῳ τῷ πόνῳ ἄνδρες
Ῥωμαῖοι ἀγαθοὶ πάντων μάλιστα ἐγένοντο
τοῖς. III 37, 441, 1 θνήσκει, ἀνὴρ ἀγα-
θὸς ἐν τῷ πόνῳ τούτῳ γενόμενος. Vgl.
auch: P. I 14, 72, 8. 73, 17. V. I 4, 327,
17. 18, 325, 12. G. I 18, 88, 21. II 13,
199, 1. IV 20, 564, 15. 32, 622, 23.
P. I 15, 76, 13 κρεουργηθεὶς αὐτοῦ
ἔπεσε. V. II 10, 449, 2 κρεουργηθεὶς τὸ
σῶμα ὅλον. G. I 29, 140, 8. II 13, 199,
3. A. 8, 55, 6.

G. II 2, 151, 23 τὰ τῶν βαρβάρων
πράγματα καθυπέρτερα ἦν.
P. I 7, 38, 6. V. II 10, 451, 3. G. I
16, 82, 1.

Der sprichwörtliche Ausdruck „Kadmeischer Sieg" = Pyrrhussieg findet
sich auch bei beiden Geschichtschreibern:

I 166, 9 Καδμείη τις νίκη τοῖσι Φω-
καιεῦσι ἐγένετο.

G. I 7, 33, 16 τῆς τε μάχης καρτερᾶς
γεγενημένης Καδμείαν νίκην Ῥωμαίοις
νικῆσαι ξυνέπεσε.

Flucht:

III 13, 1 Οἱ δὲ Αἰγύπτιοι ἐκ τῆς μά-
χης ὡς ἐτράποντο, ἔφευγον οὐδενὶ κόσμῳ.
VIII 60, 31 ἀπίασί τε οὐδενὶ κόσμῳ.
IX 70, 21 οὐδέ τις αὐτῶν ἀλκῆς ἐμέ-
μνητο. Nach II. Z 112 μνήσασθε δὲ
θούριδος ἀλκῆς (Stein).

V. I 2, 313, 21 οὐδενὶ κόσμῳ ἐς Ῥάβεν-
ναν φεύγει. 18, 385, 16 ἐπορεύοντο γὰρ
οὐδενὶ κόσμῳ. II 13, 464, 17.
P. II 25, 266, 13 ἅπαντες ἔφευγον,
οὔτε ἀλκῆς μεμνημένοι κτλ. G. II 14, 202,
16 οὐδεμιᾶς ἀλκῆς μεμνημένοι. 17, 215,

15. III 4, 296, 17. 18, 354, 9. IV 23, 584, 3.

Gemetzel:

III 79, 7 ἔκτεινον πάντα τινὰ τῶν Μάγων τὸν ἐν ποσὶ γινόμενον.

P. II 8, 191, 10. V. I 2, 314, 10 ἅπαντας ἔκτεινον, ὅσοι ἐγένοντο ἐν ποσίν. II 14, 474, 4. G. I 23, 113, 2. IV 14, 533, 4. 32, 624, 2.

Nach der Schlacht werden die Tapfersten genannt:

IX 71, 1 Ἠρίστευσε δὲ τῶν βαρβάρων ... Ἑλλήνων δέ. 105, 1 Ἐν δὲ ταύτῃ τῇ μάχῃ Ἑλλήνων ἠρίστευσαν Ἀθηναῖοι. VIII 17, 1.

G. I 18, 91, 2 ἠρίστευσαν δὲ ἐν ταύτῃ τῇ μάχῃ Ῥωμαίων μὲν Βελισάριος, Γότθων δὲ Οὐίσανδος. II 10, 187, 9 ἐν ταύτῃ τῇ μάχῃ ἠρίστευσαν. IV 29, 613, 7.

Die Kunde von der Niederlage:

V 87, 8 κομισθεὶς ἄρα ἐς τὰς Ἀθήνας ἀπήγγελλε τὸ πάθος. Vgl. I 91, 9 τὸ Σαρδίων πάθος. III 147, 2 ἰδὼν πάθος μέγα Πέρσας πεπονθότας.

G. II 21, 234, 13 Κερβεντίνος δὲ .. ἐς Δαλματίαν κομίζεται. καὶ παρὰ βασιλέα ἐνθένδε ἦλθε, πάθος ἀγγέλλων μέγα τοῦτο. P. II 14, 215, 14 τὸ μὲν οὖν Ἀντιοχέων πάθος. V. I 3, 322, 5 τὸ ἐν Λιβύῃ πάθος. 7, 340, 18. G. III 18, 352, 21. 29, 397, 7. IV 29, 610, 10.

Zu den Folgen des Sieges gehört: Eine Menschenjagd. II. gebraucht dafür den Ausdruck σαγηνεύειν und erklärt ihn ausführlich:

VI 31, 6 οἱ βάρβαροι ἐσαγήνευον τοὺς ἀνθρώπους. σαγηνεύουσι δὲ τόνδε τὸν τρόπον.

P. II 9, 192, 12 σαγηνεῦσαί τέ με τὴν πόλιν ἠξίουν καὶ ξύμπαντας διαφθεῖραι τοὺς ἡλωκότας. V. I 17, 383, 13 κυκλώσασθαί τε αὐτοὺς καὶ σαγηνεύσαντας διαφθεῖραι.

Unterwerfung und Zinsbarmachung der Feinde:

I 6, 6 τοὺς μὲν κατεστρέψατο Ἑλλήνων ἐς φόρου ἀπαγωγήν, τοὺς δὲ φίλους προσεποιήσατο. 27, 1 οἱ ἐν τῇ Ἀσίῃ Ἕλληνες κατεστράφατο ἐς φόρου ἀπαγωγήν. II 182, 13 εἷλε δὲ Κύπρον πρῶτος ἀνθρώπων καὶ κατεστρέψατο ἐς φόρου ἀπαγωγήν.

P. I 4, 24, 20 κατήκοοι ἐς φόρου ἀπαγωγὴν ἐγένοντο Πέρσαι. V. II 20, 501, 8. τῇ Ῥωμαίων ἀρχῇ ἐς φόρου ἀπαγωγὴν προσεποιήσατο. P. II 3, 159, 14. V. I 4, 330, 3. II 5, 430, 12. 10, 451, 6. G. I 5, 28, 14. 12, 63, 14. III 18, 353, 6. 34, 421, 2.

Niederwerfung und Vernichtung der feindlichen Macht:

VI 27, 10 μετὰ δὲ ταῦτα ἡ ναυμαχίη ὑπολαβοῦσα ἐς γόνυ τὴν πόλιν ἔβαλε.

P. I 17, 88, 4 ὃς δὴ ... ἐς γόνυ ἐλθεῖν τὰ Ῥωμαίων ἐποίησε πράγματα. A. 7, 47, 5 ἐς γόνυ ἐλθεῖν Ῥωμαίοις τὴν πολιτείαν πεποίηκεν. Ebenso: 15, 91, 1.

VI 86, δ, 6 ἐκτέτριπταί τε πρόρριζος ἐκ Σπάρτης. I 32, 51 ὁ θεὸς προρρίζους ἀνέτρεψε. VI 37, 8 σφέας πίτνος τρόπον ἀπείλεε ἐκτρίψειν.

A. 9, 58, 19 πρόρριζον Ῥωμαίοις τὴν πολιτείαν ἐξέτριψεν. 23, 131, 11 πρόρριζον τε αὐτοῖς ἐκτρίβων τὴν τοῦ βίου ἐλπίδα.

Der Sieger rückt vor die feindliche Stadt. Verhandlungen sind erfolglos:

VIII 52, 7 οὐδὲ λόγους τῶν Πεισιστρατιδέων προσφερόντων περὶ ὁμολογίης ἐνεδέκοντο. Vgl. 100, 11 προσέφερέ οἱ τὸν λόγον τόνδε. III, 134, 3. — V 92, 2 οὐκ ἐνεδέκετο τοὺς λόγους. 98, 22. VIII 142, 5.

G. III 13, 328, 14 λόγους προὔφερον τοῖς ἐνταῦθα φρουροῖς, ὅπως τὴν πόλιν ὁμολογίᾳ .. ἐνδοῖεν. IV 12, 517, 20 λόγους προὔφερον. Z. 23 οἱ δὲ αὐτῶν οὐκ ἐνεδέχοντο τοὺς λόγους κτλ. V. I 4, 324, 19. II 1, 412, 17. 13, 464, 4. 14, 473, 14 u. a.

Die Belagerten ergeben sich ohne Kampf:

I 174, 26 Ἁρπάγῳ ἐπιόντι σὺν τῷ   G. I 14, 74, 6 ἀμαχητί τὴν πόλιν πα-
στρατῷ ἀμαχητί σφέας αὐτοὺς παρέδοσαν.   ραδώσειν ὑποσχόμενοι.
III 13, 10.

Frauen, Kinder und Hausgerät werden in Sicherheit gebracht:

I 164, 14 ἐσθέμενοι τέκνα καὶ γυναῖ-   G. I 1, 7, 17 παῖδάς τε καὶ γυναῖκας ἐν
κας καὶ ἔπιπλα πάντα.   ταῖς ἁμάξαις ἐνθέμενοι καὶ τὰ ἔπιπλα ὅσα
    φέρειν οἷοί τε ἦσαν.

Die Belagerten schauen durch eine Öffnung herab:

III 145, 4 διακύψας διὰ τῆς γορ-   V. II 20, 500, 20 ἀπὸ τοῦ πύργου δια-
γύρης.   κύψας. G. I 18, 90, 1. II 1, 147, 5.

Der Feind erspäht die schwächste Stelle der Mauer:

´ I 84, 16 τῇ ἦν ἐπίμαχον τῆς ἀκρο-   G. I 22, 106, 15 ᾗ τὸ τεῖχος ἐπιμαχώ-
πόλεως. VI 133, 14 τῇ μάλιστα ἔσκε   τατον μάλιστα. 23, 111, 11 (ἦν γὰρ ταύτῃ
ἑκάστοτε ἐπίμαχον τοῦ τείχεος. IX 21,   ἐπιμαχώτατον). II 9, 183, 8 ἦν γάρ τις
2 τῇ τε ἐπιμαχώτατον ἦν τοῦ χωρίου   αὐτῷ ἐπίμαχος μάλιστα μοῖρα, ἢ κτλ. 12,
παντός, καὶ πρόσοδος μάλιστα ταύτῃ ἐγί-   191, 8 ᾗ μάλιστα αὐτοῖς ἐπιμαχώτατον
νετο τῇ ἵππῳ.   ἔδοξεν εἶναι. 192, 10. IV 13, 527, 3.

Sonst finden sich bei P. in Bezug auf Belagerungen keine nennenswerten, Nachahmungen II.s, sondern hierin ist er vorwiegend dem Thukydides gefolgt. besonders die Schilderung der Belagerung Platääs hat er stark benutzt (vgl m. Abh. p. 47—54).

6. Kapitel. Weltanschauung.

Der innerste Kern, gleichsam die Seele der Geschichtschreibung ist die Auffassung des Schriftstellers vom Verhältnis des Menschen zu einer höheren Macht, mag er dieselbe nun Schicksal oder Gott oder wie sonst nennen, mit einem Worte: seine Weltanschauung. Dass Prokop auch in diesem Punkte von seinem Vorbilde abhängig ist, nicht nur dem Gedanken, sondern auch dem Wortlaute nach, zeigt die ganze Hohlheit und Leerheit dieses geschicht-schreibenden Rhetors. Die Thatsache dieser Abhängigkeit ist zwar schon mehrfach wahrgenommen und ausgesprochen worden, von Kanngiesser bis Krumbacher, aber nach der sprachlichen Seite noch niemals näher untersucht. Am ausführlichsten hat über die Weltanschauung P.s Teuffel (a. a. O. S. 221 ff.) gehandelt. So geistreich seine Ausführungen sind, so hat er doch die Abhängigkeit P.s von seinen antiken Vorbildern zu wenig beachtet. Auch F. Dahn (a. a O. S. 217 ff. u. Anh. III) thut m. E. unserem Geschicht-schreiber zu viel Ehre an, wenn er seine Weltanschauung „das Produkt seiner Schmerzen und Zweifel“ nennt. Richtiger scheint mir Eckardt (a. a. O. p. 30) die Sache aufzufassen. Am treffendsten urteilt wohl Krumbacher über diese Frage, wenn er (a. a. O. S. 44) schreibt: „Wie sehr Prokop von der alten Geschichtschreibung abhängig ist, beweist am deutlichsten die seltsame Verwirrung, die in seinem Werke durch die Verquickung antiker Weltan-schauung und christlicher Lehre entstanden ist. — — — Die aus den antiken Autoren übernommene Schicksalsidee durchkreuzt sich mit der theistischen Vorstellung des Christen; zu einer Vermittelung kann dieser Gegensatz aus dem einfachen Grunde nicht gelangen, weil bei Prokop die Konzession an die alten Vorstellungen nicht aus philosophischer Überlegung und Überzeugung, sondern aus rein tektonischen Absichten entspringt“.

Nachstehend führen wir die auf diesen Gegenstand bezüglichen Wendungen auf, die P. bald mehr bald weniger deutlich aus H. entnommen hat. Folgenden Ausdruck, der das unentrinnbare Verhängnis bezeichnet, führt schon Kanngiesser als Nachahmung an:

I 8, 8 (χρῆν γὰρ Κανδαύλῃ γενέσθαι κακῶς). II 161, 7 ἐπεὶ δέ οἱ ἔδεε κακῶς γενέσθαι. IV 79, 1 ἐπείτε δὲ ἔδεέ οἱ κακῶς γενέσθαι. V 92, δ, 1 ἔδει δὲ ἐκ τοῦ Ἠετίωνος γόνον Κορίνθῳ κακὰ ἀναβλαστεῖν. IX 109, 7 τῇ δὲ κακῶς γὰρ ἔδεε πανοικίῃ γενέσθαι.

P. I 24, 125, 13 (χρῆν γάρ οἱ γενέσθαι κακῶς). Ebenso: C. I 4, 22, 3. II 8, 179, 13 (vgl. 181, 7 ἀλλὰ ἔδει, ὅπερ ἐρρήθη, Κωνσταντίνῳ γενέσθαι κακῶς.) αὐτῷ für οἱ: P. I 25, 134, 10. — P. II 20, 240, 17 χρῆν γάρ, οἶμαι, αὐτὸν τὰ ὁμωμοσμένα ἠλογηκότα ἱερὰ οὐκέτι εἶναι. C. III 13, 329, 8 ἐπεὶ ἐχρῆν τότε Ῥωμαίοις γενέσθαι κακῶς. IV 5, 477, 6. 34, 632, 11. Vgl. auch: P. II 10, 195, 13.

Ein besonders lehrreiches Beispiel für die mannigfach variierende, bald genauere bald nur von ferne anklingende Wiedergabe Herodoteischer Wendungen durch P. bietet folgender Satz:

V 33, 6 καὶ (οὐ γὰρ ἔδεε τούτῳ τῷ στόλῳ Ναξίους ἀπολέσθαι) πρῆγμα τοιόνδε συνηνείχθη γενέσθαι.

P. II 8, 188, 5 (καὶ γὰρ ἔδει Ἀντιοχέας τούτῳ τῷ Μήδων στρατῷ ἀπολέσθαι). 13, 213, 7 (οὐ γὰρ αὐτὴν ἔδει Πέρσαις ἁλῶναι). 17, 227, 4 (καὶ γὰρ ἔδει Πέτραν Χοσρόῃ ἁλῶναι). 20, 239, 22 καὶ ἐπεὶ οὐκ ἔδει Σεργιούπολιν Πέρσαις ἁλῶναι. V. I 6, 335, 20 ἀλλ' ἐπεὶ οὐκ ἔδει Βαρδίλους τῷ στόλῳ τούτῳ ἀπολωλέναι. II 4, 425, 20 ἐπεὶ δὲ οὐκ ἔδει Γελίμερα Ἰωάννῃ ἁλῶναι, τύχης ἐναντιώματα ξυνηνέχθη τοιόνδε. C. II 9, 184, 4 (οὐ γὰρ ἔδει Ῥωμαίους τούτῳ τῷ Γότθων στρατοπέδῳ ἁλῶναι). A. 9, 65, 1 μεταξὺ γὰρ ἐπαπολέσθαι αὐτοὺς πράγμασι Ῥωμαίων ἔδει.

Der Gedanke, dass der Tod die Erfüllung des Schicksals sei, wird in ähnlichen Wendungen ausgesprochen:

III 142, 14 Πολυκράτης μέν νυν ἐξέπλησε μοῖραν τὴν ἑωυτοῦ. IV 164, 21 Ἀρκεσίλεως μέν νυν εἴτε ἑκὼν εἴτε ἀέκων ἁμαρτὼν τοῦ χρησμοῦ ἐξέπλησε μοῖραν τὴν ἑωυτοῦ. Vgl. I 91, 3 τὴν πεπρωμένην μοῖραν ἀδύνατά ἐστι ἀποφυγεῖν καὶ θεῷ. 13 ὕστερον τοῖσι ἔτεσι τούτοισι ἁλοὺς τῆς πεπρωμένης.

V. II 4, 426, 12 Ἰωάννης μέν οὖν τὴν πεπρωμένην οὕτως ἀνέπλησε. C. I 13, 71, 12 μοῖραν τὴν πεπρωμένην ἀνέπλησε. V. I 7, 340, 10 τὴν ὁμοίαν πεπρωμένην ἀνέπλησε. 342, 8 τύχην τὴν ὁμοίαν ἀνέπλησε. II 7, 439, 11 οὐ γάρ ἀν ἀντιτείνοιμι περαιτέρω τῇ τύχῃ οὐδὲ πρὸς τὴν πεπρωμένην ζυγομαχοίην. C. II 21, 233, 10 τοῖς ἄνωθεν διωρισμένοις καιροῖς ... ἀναπιμπλῶσι τὴν πεπρωμένην. IV 20, 562, 14 νοσήσας· τὴν πεπρωμένην ἀνέπλησεν.

Auch der Gedanke, dass die Gottheit oder das Schicksal aus Neid das Glück der Menschen zerstöre, ist beiden Autoren gemeinsam:

I 32, 6 ἐπιστάμενόν με τὸ θεῖον πᾶν ἐὸν φθονερόν. Ebenso: III 40, 7. Vgl. IV 205, 4. VII 46, 19. VIII 109, 14.

C. II 8, 178, 9 τῆς δὲ τύχης ὁ φθόνος ὤδινεν ἤδη ἐπὶ Ῥωμαίους, ἐπεὶ τὰ πράγματα εὖ τε καὶ καλῶς σφίσιν ἐπιπροσθεν προϊόντα ἑώρα.

Für seinen Übermut, seinen Frevel ereilt den Menschen die göttliche Vergeltung:

I 34, 1 Μετὰ δὲ Σόλωνα οἰχόμενον ἔλαβε ἐκ θεοῦ νέμεσις μεγάλη Κροῖσον.

C. IV 33, 629, 16 τῷ μέντοι Οὐλίφῳ ξυνέβη τις τίσις ἐκ τοῦ θεοῦ δηλονότι ἐπιπεσοῦσα. A. 5, 42, 19 ἡ δὲ ἀπὸ τοῦ

VI 72, 1 οὐ μὲν οὐδὲ Λευτυχίδης κατε-
γήρα ἐν Σπάρτῃ, ἀλλὰ τίσιν τοιήνδε
τινὰ Δημαρήτῳ ἐξέτισε. 84, 17. Vgl. I
120, 1.
VIII 106, 24 Παντώντον μέν νυν οὕτω
περιῆλθε ἥ τε τίσις καὶ Ἑρμότιμος. Vgl.
III 126, 3 χρόνῳ δὲ οὐ πολλῷ ὕστερον
καὶ Ὀροίτεα Πολυκράτεος τίσιες μετῆλθον.
128, 24.

θεοῦ τίσις ἐν ταύτῃ τῇ ὁδῷ καταλαβοῦσα
ἐξ ἀνθρώπων αὐτὸν ἀφανίζει.
G. III 6, 305, 1 ταύτην τε Τωτίλᾳ τὴν
δίκην Ἰμμήτριος γλώσσης ἀκολάστου ἐξέ-
τισεν. II 1, 149, 16 ποινὰς ἀλόγου θράσους
ἐξέτισεν.
G. III 1, 287, 10 αὕτη τίσις Ἰλδίβαδον
περιῆλθε τοῦ Οὐραΐα φόνου. A. 12, 1 ὡς
... τὴν τίσιν αὐτοὺς τῶν ἁμαρτανομένων
περιελθεῖν οὐκ ἀπεικός εἴη.

Der Gedanke von der Unbeständigkeit der menschlichen Dinge klingt
bei P. bisweilen auch im Wortlaut an II. an.

I 5, 17 τὴν ἀνθρωπηΐην ὦν ἐπιστά-
μενος εὐδαιμονίην, οὐδαμὰ ἐν τωὐτῷ μέ-
νουσαν. 86, 38 ἐπιλεξάμενον ὡς οὐδὲν
εἴη τῶν ἐν ἀνθρώποισι ἀσφαλέως ἔχον.
207, 9 εἰ δ᾽ ἔγνωκας ὅτι ἄνθρωπος καὶ
σὺ εἶς καὶ ἑτέρων τοιῶνδε ἄρχεις, ἐκεῖνο
πρῶτον μάθε, ὡς κύκλος τῶν ἀνθρωπηΐων
ἐστὶ πραγμάτων, περιφερόμενος δὲ οὐκ ἐᾷ
ἀεὶ τοὺς αὐτοὺς εὐτυχέειν.

G. III 25, 335, 6 ἐν τοῖς πταίσμασι δὴ
τῶν ἀνθρώπων ἐνθυμοριμένους ὡς οὐδὲν
πέφυκεν ἐφ᾽ ἑαυτοῦ μένειν. V. I 22, 399,
2 ἐξεπιστάμενοι τὸ λοιπὸν ὡς ἀνθρώπῳ
γε ὄντι οὔτ᾽ ἂν ἄπιστός τις ἐλπὶς οὔτε
κτῆσις βέβαιος γένοιτο. 400, 5 τῶν γὰρ
ἀνθρωπείων οὐδ᾽ ὁτιοῦν ἐπὶ τοῦ ἀσφαλοῦς
ἵστασθαι, ἀλλ᾽ εἶναι αὐτοῖς ἐς τὸν πάντα
αἰῶνα βέβαιον μὲν τῶν ὄντων οὐδέν, τῶν
δὲ οὐκ ὄντων οὐδὲν ἀμήχανον.

Die pessimistische Anschauung, dass der Tod für den Menschen das
Beste sei, findet sich ähnlich bei P., allerdings in einer Rede, die der
Feldherr vor der Schlacht an seine Soldaten hält.

I 31, 17 διέδεξέ τε ἐν τούτοισι ὁ θεός,
ὡς ἄμεινον εἴη ἀνθρώπῳ τεθνάναι μᾶλλον
ἢ ζώειν.

G. I 29, 135, 22 θάνατος δὲ ἄλλως τε
καὶ ταχὺς ἥκων, εὐδαίμονας ἀεὶ τοὺς
πρόσθεν οὐκ εὐτυχοῦντας ἐργάζεται.

Mit der fatalistischen Anschauung II.s hängt es zusammen, dass er sehr
häufig statt des einfachen ἐγένετο u. dgl. die Umschreibung συνηνείχθη, συνέ-
πεσε, συνέβη γενέσθαι u. s. w. anwendet. P. hat diese Eigentümlichkeit so
häufig nachgeahmt, dass einzelne Citate überflüssig erscheinen; wir begegnen
diesen Umschreibungen auf Schritt und Tritt. Vgl. Eckardt p. 24. Teuffel
(S. 204) führt diese Wendungen neben anderen als Beweis dafür an, dass P.
„das Pretiöse, Geschraubte und Geblähte des späteren Hellenismus“ habe;
es ist ihm entgangen, dass dieselben aus H. stammen. — Seltener ist die
folgende Umschreibung:

IX 90, 1 Τῆς δὲ αὐτῆς ἡμέρης τῆσ-
περ ἐν Πλαταιῇσι τὸ τρῶμα ἐγένετο,
συνεκύρησε γενέσθαι καὶ ἐν Μυκάλῃ.
Vgl. VIII 87, 16.

G. IV 11, 509, 13 Τύχῃ δέ τινι ξυνε-
κύρησεν ἐν τούτῳ τῷ Ῥωμαίων στρατῷ
εἶναι βαρβάρων τῶν Σαβείρων ὀλίγους
τινάς.

Der τύχη ist entgegengesetzt die πρόνοια:

VIII 87, 14 οὐ μέντοι ἔχω γε εἰπεῖν
οὔτε εἰ ἐκ προνοίης αὐτὴ ἐποίησε, οὔτε εἰ
συνεκύρησε ἢ τῶν Καλυνδέων κατὰ τύχην
παραπεσοῦσα[νηΐς].

P. II 23, 258, 13 εἴτε τύχῃ τινὶ εἴτε
προνοίᾳ. Ebenso: G. II 27, 257, 10.

Ein direktes Eingreifen der Gottheit in den Gang der Dinge wird ange-
nommen:

III 42, 17 τὸν δὲ ὡς ἐσῆλθε θεῖον
εἶναι τὸ πρῆγμα. VI 69, 13 ἔμαθε, ὡς
θεῖον εἴη τὸ πρῆγμα. VII 137, 6 δῆλον
ὦν μοι ὅτι θεῖον ἐγένετο τὸ πρῆγμα. VIII

V. I 4, 326, 9 θεῖόν τε εἶναι τὸ πρῆγμα
ὑπόπτευσε. ac. II 3, 217, 16 θεῖον ὑπο-
τοπήσας τὸ πρῆγμα εἶναι. Vgl. G. IV 14,
530, 6 ἢ καί τι αὐτοὺς θεῖον ἐκίνησεν.

94, 10 συμβάλλονται εἶναι θεῖον τὸ προῆγ-
μα. IX 100, 7.

Die Gottheit zeigt den Menschen ausserordentliche zukünftige Ereignisse
durch Wunderzeichen (τέρατα) an:

VI 27, 1 φιλέει δέ κως προσημαίνειν,
εἴτ' ἂν μέλλῃ μεγάλα κακὰ ἢ πόλι ἢ ἔθνεϊ
ἔσεσθαι. 98, ὃ καὶ τοῦτο μέν κου τέρας;
ἀνθρώποισι τῶν μελλόντων ἔσεσθαι κα-
κῶν ἔγαινε ὁ θεός.

P. II 10, 195, 1 Τούτον τοῦ πάθους
χρόνῳ τινὶ πρότερον τέρας ὁ θεὸς ἐνδει-
ξάμενος τοῖς ταύτῃ ᾠκημένοις ἐσήμηνε τὰ
ἐσόμενα.

Häufig gewähren Träume einen Blick in die Zukunft:

I 209, 2 νυκτὸς ἐπελθούσης εἶδε ὄψιν
... τοιήνδε· ἐδόκει Κῦρος ἐν τῷ ὕπνῳ
ὁρᾶν .κτλ. III 30, 9 ὄψιν εἶδε ὁ Καμβύ-
σης ἐν τῷ ὕπνῳ τοιήνδε· ἔδοξέ οἱ κτλ.
124, 2 πρὸς δὲ καὶ ἰδούσης τῆς θυγατρὸς
ὄψιν ἐνυπνίου τοιήνδε· ἐδόκεε κτλ. VI
107, 3. 118, 2. VII 12, 5. 19, 4. Vgl. I
38, 3 ὄψις ὀνείρου ἐν τῷ ὕπνῳ ἐπιστᾶσα.

VIII 54, 6 εἴτε δὴ ὢν ὄψιν τινὰ ἰδὼν
ἐνυπνίου ἐνετέλλετο ταῦτα, εἴτε καὶ ἐνθύ-
μιόν οἱ ἐγένετο.

V. I 12, 363, 4 ὄψιν δὲ ὀνείρου ἰδὼν
ὕστερον . . . ἐδόκει γὰρ ἐν τῷ ὀνείρῳ κτλ.
ac. II 3, 217, 12 ὄψιν δὲ ὀνείρου τοιάνδε
εἶδεν. ἐδόκει οἱ ἐν τῷ ὀνείρῳ κτλ. A. 6,
43, 16 εἴ μή τις μεταξὺ ἐπιγενομένη ὄψις
ὀνείρου ἐκώλυσεν.

ac. II 2, 215, 5 εἴτε τινὰ ὄψιν ὀνείρου
ἰδὼν εἴτε αὐτόματος εἰς τοῦτο ἠγμένος.
P. II 26, 268, 23 εἴτε τινὰ ὄψιν ὀνείρου
εἶδεν ἢ τις αὐτῷ ἔννοια γέγονεν.

Vgl. hiezu den Schluss des näch-
sten Kapitels.

7. Kapitel. Thatsächliches.

Die bisher angeführten Nachahmungen bezogen sich nur auf die Form,
einige im vorigen Kapitel erwähnte auch auf den Gedanken. Es wäre nun
nicht auffallend, wenn P. auch thatsächliche Züge aus H., den er so genau
kennt und so hoch schätzt, entlehnt hätte. Denn dass ihm, dem Rhetor, die
geschichtliche Wahrheit trotz seiner schönen Phrasen (vgl. P. I 1, 10. 17 προσηκειν
τε ἡγεῖτο ῥητορικῇ μὲν δεινότητα, ποιητικῇ δὲ μυθοποιίαν, ξυγγραφῇ δὲ ἀλήθειαν.)
nicht oberster Grundsatz ist, ist mir durch jahrelange Beschäftigung mit
diesem Schriftsteller vollkommen klar geworden. Vgl. Auler, de fide Pro-
copii Caesariensis in secundo bello Persico Justiniani I imperatoris enarrando.
Diss. inaug. Bonnae, 1876. p. 26 consilio atque industria rem in peius eum
convertisse puto. p. 47. Ähnlich urteilt K. Hofmann, zur Kritik der
byz. Quellen für die Römerkriege Kobads I. Gymn.-Pr. Schweinfurt 1877. p. 40.
Auch Ranke (Weltgeschichte IV, 2 S. 288 f.) hält P. für unglaubwürdig in
Berichten über Ereignisse, die vor seiner Zeit liegen; in dem eigentlichen
Gegenstand·seiner Erzählung allerdings findet er ihn, „wenn auch nicht in
jedem einzelnen Zug, doch im Ganzen durchaus glaubwürdig" Wie Krum-
bacher (B L. S. 44) trotz seines oben angeführten Urteils über P.s Fatalis-
mus und trotz Annahme der Echtheit der Geheimgeschichte ihm eine „ach-
tungswerte Wahrheitsliebe" zusprechen kann, ist mir nicht recht verständlich.
— Dass P. aus Thukydides nicht nur Wörter und Wendungen sondern auch
einzelne thatsächliche Züge entlehnt hat, besonders aus der Schilderung der
Pest und der Belagerung von Plateää, glaube ich in meiner Abhandlung
p. 34 und 48—50 nachgewiesen zu haben. Nun finden sich wirklich bei P.
einige Erzählungen, die so lebhaft an H. erinnern, dass dies unmöglich ein
Zufall sein kann. Doch muss ich mich hier darauf beschränken, auf diese
Übereinstimmungen hinzuweisen, und es den Historikern von Fach überlassen,
der Sache näher nachzugehen.

In der Einleitung zu den Perserkriegen, die überhaupt voll der wunderlichsten Märchen ist (vgl. Ranke, S. 288), erzählt P. (P. I 4, 20, 21), dass das hunnische Volk der Ephthaliten dem Perserheere unter Führung des Königs Perozes eine schwere Niederlage beigebracht habe, indem sie am Eingange ihres Landes (ἐν τῷ πεδίῳ, ᾗ ἔμελλον Πέρσαι ἐς τὰ Ἐφθαλιτῶν ἤδη ἐσβάλλειν) einen tiefen und breiten Graben anlegten und denselben dann mit Rohr und Erde überdeckten; die heranstürmende Reiterei der Perser stürzte in den Graben und das ganze Heer samt dem Könige wurde vernichtet Ganz ähnlich erzählt H. (VIII 28), dass die Phokeer die Thessalische Reiterei vernichtet hätten, indem sie am Eingange ihres Landes (ἐν τῇ ἐσβολῇ) einen grossen Graben zogen, Thonfässer hineinstellten und Erde darauf schütteten. Die feindliche Reiterei geriet in den Graben und fand ihren Untergang.

Der Perserkönig Chosroes, berichtet P. P. I 23, 115, 12 ff., entdeckte einst eine Verschwörung, die sein Bruder Zames mit andern persischen Grossen angezettelt hatte. Er liess Zames und seine sämtlichen Brüder nebst ihrer männlichen Nachkommenschaft hinrichten; nur der Sohn des Zames, Kabades, entkam dem Blutbade. Dieser wurde nämlich bei Adergudunbades, einem Grossen des Reiches, aufgezogen; als demselben nun Chosroes auftrug, den jungen Kabades umzubringen, liess er sich durch die Thränen und Bitten seiner Frau bewegen, das Kind am Leben zu erhalten und heimlich grosszuziehen. Dem Chosroes aber teilte er mit, er habe seinen Befehl vollzogen. Als der junge Kabades herangewachsen war, schickte ihn sein Pflegevater der grösseren Sicherheit wegen ins Ausland; er selbst aber wurde von seinem eigenen Sohn dem Chosroes verraten. Dieser brachte ihn auf arglistige Weise in seine Gewalt und ums Leben. Die Vermutung liegt nahe, dass P. hier teilweise die bekannte Erzählung H.s von der Errettung des jungen Cyrus durch den Hirten Mitradates und dessen Frau nachgebildet habe, und diese Vermutung wird dadurch bestätigt, dass P. einen ganzen Satz aus dieser Erzählung H.s in die seinige herübergenommen hat. Vgl. H. I 112, 2 ἦ δέ ... δακρύουσα καὶ λαβομένη τῶν γονάτων τοῦ ἀνδρὸς ἐχρήιζε μηδεμιῇ τέχνῃ ἐκθεῖναί μιν, mit P. I 23, 115, 19 δακρύουσα δὲ ἡ γυνὴ καὶ τῶν γονάτων τοῦ ἀνδρὸς λαβομένη ἐχρῆιζε τέχνῃ μηδεμιᾷ Καβάδην κτεῖναι. (Aus K. 4 wiederholt.)

Am Schluss des ersten Buches der Perserkriege (P. I 26, 137 f.) erzählt P. folgende Geschichte: In Dara bemächtigt sich ein gewisser Johannes mit Hilfe einiger Soldaten der Herrschaft über die Stadt. Nach einigen Tagen rotten sich mehrere Soldaten zusammen und dringen mit unter dem Mantel verborgenen Dolchen in den Palast des Usurpators ein. Im Vorhofe treffen sie einige Wachen, stechen sie nieder, stürmen darauf in den Männersaal und bemächtigen sich des Tyrannen. — Wem fiele hier nicht die Ermordung des Pseudo-Smerdis durch Darius und seine Genossen ein? Gerade so erzählt H. (III 77 und 78), wie die Verschworenen in den Palast eindringen, die sie aufhaltenden Diener im Vorhofe niederstossen, in das Männergemach stürmen und die Magier töten. Vgl. P. 138, 7 καὶ πρῶτοι μὲν ἐν τῇ μεταύλῳ θύρᾳ τῶν δορυφόρων εὑρόντες ὀλίγους τινὰς εὐθὺς ἔκτειναν, ἔπειτα δὲ καὶ εἰς τὸν ἀνδρῶνα ἐσβάντες τοῦ τυράννου ἥπτοντο, mit H. 77. 5 ἐπείτε δὲ καὶ παρῆλθον ἐς τὴν αὐλήν, ἐνέκυρσαν τοῖσι τὰς ἀγγελίας ἐσφέρουσι εὐνούχοισι — — τούτους μὲν ... ταύτῃ συγκεντέουσι, αὐτοὶ δὲ ἤισαν δρόμῳ ἐς τὸν ἀνδρῶνα.

I 80 berichtet H., Cyrus habe seinen Sieg über Krösus hauptsächlich dadurch errungen, dass er der überlegenen Reiterei desselben Kamelreiter entgegenstellte. Die Pferde der lydischen Reiter scheuten vor dem ungewohnten Anblick der Kamele, und obwohl die Reiter von den Pferden sprangen und zu Fuss kämpften, behielt Cyrus doch den Sieg (vgl. VII 87). — Im Vandalenkriege erzählt P. (V. I 8, 348 f.), in einer Schlacht zwischen den Vandalen und Maurusiern hätten die ersteren eine völlige Niederlage erlitten, weil ihre Pferde vor den Kamelen der Maurusier scheuten. Dies ist schon deshalb sehr unwahrscheinlich, weil jahrelange Kämpfe der beiden Völker vorausgingen (vgl. 344. 20 ff.), die Pferde der Vandalen also an den Anblick der Kamele, oder wenigstens die Vandalen an die Kampfesweise der Maurusier gewöhnt sein mussten. Noch deutlicher lehnt sich P. an die Erzählung H.s an V. II 11, 457. Hier erzählt er von einem Kampf zwischen denselben Maurusiern und den Römern unter Solomon. Die Pferde der römischen Reiterei scheuen vor dem Anblick der Kamele zurück und die römische Schlachtordnung gerät in Verwirrung. Wie Solomon dies merkt, springt er vom Pferde und mit ihm die Seinigen; sie kämpfen zu Fuss und bringen den Maurusiern eine schwere Niederlage bei. Vgl. P. 457, 11 ἕστερον δὲ Σολόμων, κατιδὼν τὰ γιγνόσμενα, ἔκ τε τοῦ ἵππου ἀποθυώσκει πρῶτος καὶ τοὺς ἄλλους ἅπαντας ἐς τοῦτο ἐνάγει, mit H. 80, 27 οὐ μέντοι οἵ γε Λυδοὶ τὸ ἐνθεῦτεν δειλοὶ ἦσαν, ἀλλ᾽ ὡς ἔμαθον τὸ γινόμενον, ἀποθορόντες ἀπὸ τῶν ἵππων πεζοὶ τοῖσι Πέρσῃσι συνέβαλλον.

Als die Gothen Rom belagerten, erzählt P. G. II 9. 183 f., bestach Vitigis zwei Römer, mit einem Schlauch Wein zu einer Wache Belisars zu gehen, die an einem besonders zugänglichen Teil der Stadtmauer stand, und ihnen den Wein zu schenken. Dann sollten sie mit der Wachmannschaft tief in die Nacht hinein zechen und den Soldaten ein Schlafpulver in den Wein mischen. Wenn diese dann schliefen, wollte Vitigis die Stadt überrumpeln. Der Anschlag wurde jedoch entdeckt und vereitelt. Die Sache klingt sehr unglaubhaft. Wie sollte Vitigis mit den beiden Römern in Verbindung treten? Diese mussten überdies wissen, dass Belisar die Wachen aufs genaueste revidieren liess (vgl. G. I 25, 121), und nun so mehr auf der Hut sein musste, als Vitigis unmittelbar vorher zweimal einen Überfall versucht hatte. Wir haben es aller Wahrscheinlichkeit nach mit der Nachahmung eines — altägyptischen Märchens zu thun, das H. II 121 erzählt. Um den Leichnam seines Bruders, der von einer Abteilung Soldaten bewacht wird, zu entwenden, kommt hier der schlaue Schatzräuber mit einigen Schläuchen Wein zur Wache, veranlasst sie, von dem Weine zu trinken, und nachdem sie trunken geworden und eingeschlafen sind, holt er den Leichnam. Auch der Ausdruck bei P. klingt verschiedenemale an H. an. So sagt er Z. 16: καὶ αὐτοῖς τὸν οἶνον τρόπῳ ὅτῳ δὴ φιλοφρονήσῃς ἐνδεικνυμένους χαρίζεσθαι. — H. 121, δ, 23 ὡς δέ μιν παρὰ τὴν πόσιν φιλοφρόνως ἠσπάζοντο. — P. εἶτα ξὺν αὐτοῖς πόρρω τῶν νυκτῶν καθημένους πεῖν. — H. Z. 21 μετ᾽ ἑωυτῶν μείναντα συμπίνειν, Z. 27 ὡς πρόσω ἦν τῆς νυκτός.

Am ausgedehntesten und auffallendsten aber hat P. diejenige Partie des Herodoteischen Geschichtswerkes benutzt, in welcher die Vorgänge erzählt werden, die dem Kriege des Xerxes gegen Griechenland vorausgingen. Xerxes hat, erzählt H. VII 7 ff., nach Unterdrückung des ägyptischen Aufstandes den Krieg gegen Griechenland ernstlich ins Auge gefasst. Er beruft die Grossen seines Reiches und legt ihnen seinen Plan vor. Mardonius stimmt ihm bei und erhöht durch seine Schmeicheleien die Zuversicht des Königs. Von den andern Teilnehmern an der Versammlung wagt keiner zu widersprechen; nur Artabanus, der Oheim des Königs, findet im Vertrauen auf dieses Verwandtschaftsverhältnis den Mut, seine warnende Stimme zu erheben, und weist in längerer Rede den König auf die Gefahren eines solchen Krieges hin. Xerxes, durch den Widerspruch gereizt, gibt anfangs eine heftige Antwort, aber in der Nacht besinnt er sich eines besseren und gibt den Kriegsplan auf. Da erscheint ihm eine Traumgestalt, macht ihm Vorwürfe wegen der Aufgabe seines Vorhabens und fordert ihn auf, den Krieg doch zu unternehmen. Xerxes aber achtet nicht darauf und teilt am andern Tag seinen veränderten Entschluss dem Staatsrate mit, der ihm mit Freuden begrüsst. In der folgenden Nacht erscheint dasselbe Traumbild und befiehlt dem Xerxes unter Drohungen, sein früheres Vorhaben auszuführen. Dieser, dadurch erschreckt, teilt seinem Oheim das Erlebnis mit und fordert ihn auf, sich in der nächsten Nacht an seiner Stelle auf sein Lager zu legen und zu sehen, ob das Traumbild auch ihm erscheine. Artabanus thut so, und wirklich erscheint die Traumgestalt zum drittenmal, macht ihm wegen seines Rates heftige Vorwürfe und droht ihm mit glühendem Eisen die Augen auszubrennen.

Nun giebt Artabanus seinen Widerspruch auf und der Krieg wird endgiltig beschlossen. In diesem Entschlusse wird Xerxes durch ein abermaliges Traumbild bestärkt, das die Magier zu seinen Gunsten deuten. — Diese sagenhafte Episode hat P. offenbar vor Augen gehabt, als er die Einleitung zum Vandalenkrieg schrieb. Nachdem Justinian durch diplomatische Verhandlungen mit dem Vandalenkönig Gelimer einen Anlass zum Kriege herbeigeführt, durch Abschluss eines keineswegs günstigen Friedens mit Chosroes sich freie Hand nach Westen geschaffen und Belisar nach Byzanz berufen hatte, um ihm die Führung des Krieges zu übertragen, legte er, erzählt P. V. I 10, 353 ff., einem aus den obersten Hofbeamten und Heerführern gebildeten Staatsrat den Kriegsplan vor. Obwohl die Stimmung unter den Versammelten dem Unternehmen nicht günstig war, wagte doch keiner, dem Kaiser zu widersprechen, ausser Einem, Johannes Kappadox. Dieser warnt in einer wohlgesetzten Rede den Kaiser vor dem gefährlichen Unternehmen. Betrachten wir uns diese Rede näher, so finden wir, dass sie mit denselben Worten beginnt, mit denen Thukydides die korinthischen Gesandten in Sparta vor dem Beginne des peloponnesischen Krieges ihre Rede eröffnen lässt (Thuc. I 68 τὸ πιστὸν ὑμᾶς, ὦ Λακεδαιμόνιοι, τῆς καθ' ὑμᾶς αὐτοὺς πολιτείας καὶ ὁμιλίας κτλ. P. 354, 19 Τὸ πιστόν, ὦ βασιλεῦ, τῆς εἰς τοὺς σοὺς ἐπηκόους ὁμιλίας κτλ.), sowie, dass sie (355, 15) ein Citat aus Homer enthält: εἰ δὲ ταῦτα μέν ἐν τοῖς τοῦ θεοῦ γόνασι κεῖται (Od. x 267). Da P. von demselben Johannes P. I 24, 121 18 ff. erzählt, er habe nichts als notdürftig schreiben gelernt, so ist die Rede offenbar fingiert. Ihr Inhalt hat grosse Ähnlichkeit mit der oben erwähnten Rede des Artabanus. Beide beginnen mit einer Entschuldigung wegen ihres Widerspruchs, weisen auf die Gefahren einer möglichen Niederlage hin, und betonen die Wichtigkeit einer guten Beratung vor dem Handeln, (P. 356, 6 πρὸ τῶν πραγμάτων τὸ τῆς εὐβουλίας ὀφελός ἐστι. — H. 10, δ, ὅ τὸ γὰρ εὖ βουλεύεσθαι κέρδος μέγιστον εὑρίσκω ἐόν). Die Rhetorik des Johannes macht denn auch einen solchen Eindruck auf Justinian, dass er das von langer Hand geplante Unternehmen aufgibt. Aber nun erscheint ein Bischof aus dem Osten und teilt dem Kaiser mit, Gott sei ihm im Traume erschienen und habe ihn beauftragt (356, 14 οἱ τὸν θεὸν ἐπισχῆγεαι), zum Kaiser zu gehen, ihm wegen Änderung seines Entschlusses Vorwürfe zu machen und ihn seines (Gottes) Beistandes zur Unterwerfung Afrikas zu versichern. Merkwürdigerweise versichert dies die Gottheit mit denselben Worten, mit denen einst der delphische Gott vor dem Beginn des peloponnesischen Krieges den Spartanern seine Hilfe gegen die Athener zugesagt hatte (vgl. Thuc. I 118, 3 καὶ αὐτὸς ἔφη ξυλλήψεσθαι, mit P. 356, 16 „καίτοι αὐτὸς" ἔφη, οἱ πολεμοῦντι ξυλλήψομαι). Darauf hin trifft Justinian Anstalten zur Eröffnung des Krieges. Wir sehen, die ganze Darstellung P.'s ist eine aus Herodot und Thukydides zusammengewebte Dichtung, der als Wahrheitsmomente etwa die Abneigung des Staatsrates gegen das abenteuerliche Unternehmen und die Unterstützung, welche die orthodoxe Geistlichkeit dem Plane eines Feldzugs gegen die verhassten Arianer in Afrika lieh, zugrunde liegen mögen. Dass auch P. selbst durch ein glückverheissendes Traumgesicht zur Teilnahme an diesem Feldzug bestimmt worden zu sein behauptet (p. 363, 2 ff.), mag als Analogie zu dem letzterwähnten Traumgesicht des Xerxes nebenbei erwähnt werden.

Das erste dreimal wiederkehrende Traumgesicht des Xerxes finden wir bei P. noch zweimal verwertet. In den Bauwerken (ae. II 3, 217) erzählt er, einem Techniker, der in Verlegenheit war, wie er durch Herstellung einer Vorrichtung die Überschwemmung der Stadt Dara verhindern könne, sei im Traume eine übermenschliche Gestalt erschienen und habe ihm die Vorrichtung gezeigt (ὄψιν δὲ ὀνείρου τοιάνδε εἶδεν. ἐδόκει οἱ ἐν τῷ ὀνείρῳ τις ὑπερφυής τε καὶ τὰ ἄκρα κρείσσων ἢ ἀνθρώπῳ εἰκάζεσθαι μηχανήν τινα ἐπαγγέλλειν τε καὶ ἐνδείκνυσθαι. — H. 12, ὅ εἶδε ὄψιν τοιήνδε· ἐδόκεε ὁ Ξέρξης ἄνδρα οἱ ἐπιστάντα μέγαν τε καὶ εὐειδέα εἰπεῖν). Vgl. auch die weitere gänzlich unglaubhafte Er-

— 47 —

zählung P.s. — Noch genauer aber ist dieser Traum des Xerxes nachgebildet in der Geheimgeschichte. Hier erzählt P. (A. 6, 43 f.), der Oheim Justinians und spätere Kaiser Justin sei einst auf einem Feldzuge gegen die Isaurier, den er in untergeordneter Stellung mitmachte, von dem Feldherrn Johannes Kyrtos wegen eines Vergehens gefangen gesetzt worden und habe am folgenden Tage hingerichtet werden sollen. Aber in der Nacht erschien dem Johannes eine übermenschliche Gestalt (Z. 16 ἔφη γάρ οἱ ἐν ὀνείρῳ ὁ στρατηγὸς ἐντυχεῖν τινα παμμεγέθη τε τὸ σῶμα καὶ τἄλλα κρείσσω ἢ ἀνθρώπῳ εἰκάζεσθαι. Es ist zu beachten, dass P. hier dem Feldherrn die Erzählung in den Mund legt, ähnlich wie H. seinem Bericht vorsichtig beifügt (12, 6) ὡς λέγεται ὑπὸ Περσῶν. Bemerkenswert erscheint auch die Übereinstimmung mit der obigen Stelle aus den nc., in der ich übrigens für ὄκρα, das neben κρείσσω steht und keinen rechten Sinn hat, nach unserer Stelle ἄλλα schreiben möchte) und befahl ihm (καὶ τὸν μὲν οἱ ἐπισκῆψαι, gerade wie V. 356, 14, ähnlich 398, 4), den Gefangenen freizulassen. Als aber Johannes am andern Morgen erwachte, achtete er nicht auf das Traumgesicht (αὐτὸν δὲ τοῦ ἔπτον ἐξαναστάντα ἐν ἀλογίᾳ τὴν τοῦ ὀνείρου ὄψιν ποιήσασθαι. — H. 13, 2 ἡμέρης δὲ ἐπιλαμψάσης ὀνείρου μὲν τούτου λόγον οὐδένα ἐποιέετο). Da erschien ihm in der nächsten Nacht dasselbe Gesicht und wiederholte seinen Befehl (ἐπιλαβούσης δὲ καὶ ἑτέρας νυκτὸς ἐδόκει μὲν ἐν τῷ ὀνείρῳ καὶ αὖθις τῶν λόγων ἀκούειν. — H. 14, 2 νυκτὸς δὲ γενομένης αὐτις τωυτὸ ὄνειρον τῷ Ξέρξῃ κατυπνωμένῳ ἔλεγε ἐπιστάς·), und als Johannes wieder nicht gehorchte, erschien die Gestalt zum drittenmal und drohte ihm das Ärgste an, wenn er den Auftrag nicht erfülle (τοῦτον τέ οἱ ἐπιστάσαν τὴν τοῦ ὀνείρου ὄψιν ἀπειλῆσαι μὲν τὰ ἀνήκεστα, ἄν μὴ τὰ ἐπηγγελμένα ποιοίη. — H. 18, 1 ταῦτά τε ἐδόκεε Ἀρτάβανος τὸ ὄνειρον ἀπειλέειν κτλ.) und setzt hinzu, sie brauche diesen Menschen und seine Verwandtschaft (nämlich Justinian) für ein zukünftiges Strafgericht. Nun gibt Johannes nach. — Ranke (S. 304) führt diese Erzählung mit als einen Beweis an, dass der Historiker Prokop diesen Teil der Geheimgeschichte nicht geschrieben haben könne, da er der Darstellung der Kriege zu sehr widerspreche. Ranke kannte offenbar die Quelle dieser Erzählung nicht. Uns erscheint dieselbe vielmehr als ein neuer, schwerwiegender Beweis dafür, dass wir in der Geheimgeschichte den gleichen Kenner und Nachahmer Herodots, aber auch den gleichen Fälscher der geschichtlichen Wahrheit vor uns haben wie in den Kriegen und Bauwerken, den Prokopius von Cäsarea.

www.ingramcontent.com/pod-product-compliance
Lightning Source LLC
Chambersburg PA
CBHW032133080426
42733CB00008B/1059